当代西方
伦理思潮

王晓龙 翟 康 冉 林 {著}

图书在版编目（CIP）数据

当代西方伦理思潮 / 王晓龙，翟康，冉林著. — 成都：四川大学出版社，2022.10
ISBN 978-7-5690-5719-5

Ⅰ. ①当… Ⅱ. ①王… ②翟… ③冉… Ⅲ. ①伦理思想—研究—西方国家 Ⅳ. ①B82

中国版本图书馆 CIP 数据核字（2022）第 186417 号

书　　名：当代西方伦理思潮
　　　　　Dangdai Xifang Lunli Sichao
著　　者：王晓龙　翟　康　冉　林

选题策划：曾　鑫
责任编辑：曾　鑫
责任校对：李金兰
装帧设计：墨创文化
责任印制：王　炜

出版发行：四川大学出版社有限责任公司
　　　　　地址：成都市一环路南一段 24 号（610065）
　　　　　电话：（028）85408311（发行部）、85400276（总编室）
　　　　　电子邮箱：scupress@vip.163.com
　　　　　网址：https://press.scu.edu.cn
印前制作：四川胜翔数码印务设计有限公司
印刷装订：成都市新都华兴印务有限公司

成品尺寸：170 mm×240 mm
印　　张：8.5
字　　数：165 千字

版　　次：2022 年 10 月　第 1 版
印　　次：2022 年 10 月　第 1 次印刷
定　　价：49.00 元

本社图书如有印装质量问题，请联系发行部调换

◆版权所有◆侵权必究

四川大学出版社
微信公众号

序

自20世纪下半叶进入信息化时代以来,人类文明进入一个高速发展的新阶段。一方面,科学技术深刻改变了人们的生活,信息互联互通,物质成倍增长,精神娱乐方式变得多种多样,人们极大地享受到科技带来的便捷;另一方面,人们的生活节奏明显加快,对技术和物质的依赖逐渐增强,人与人之间的沟通和相处模式发生了巨大的改变。在急剧的社会变迁之下,伦理道德问题尤为突出地表现出来,人们既要面对金融风暴、人工智能、克隆技术等新生事物带给传统价值观的冲击,又要思考在媒体、网络、多元文化等新的生活环境下如何规范自己的言行,并相互协作、形成道德的共同体。现实的迫切需要使得伦理学出现繁荣的局面,成为当今人文学科的第一显学。

当代西方伦理思潮的兴起与社会的发展是同步的。第二次世界大战以后,西方经济走向复苏,功利主义兴盛一时,20世纪70年代以来,西方社会进入一个稳定的发展阶段,规范伦理学复兴,西方伦理学进入蓬勃发展的时期。当代西方伦理思潮呈现以下特点:从地域分布来看,学术重心由欧陆世界向英语世界转移,这与科技中心(或经济中心)的转移是一致的。从内容来看,当代西方伦理思潮或多或少受到元伦理学的影响,既注重对传统伦理学遗产的发掘和理论创新,又有对新领域伦理问题的学术探索,尤其在生命伦理和科技伦理领域建树颇丰。

为了批判地借鉴、吸收当代西方伦理思想的有益成果,我们计划出这本专著,力求全面、客观地反映当代西方伦理思潮的整体风貌和内在逻辑。根据当代西方伦理思潮的特点,本书分为理论伦理学和应用伦理学两个部分。理论伦理学部分主要介绍道德哲学的学术思潮,包括一般意义上的规范伦理学——新功利论和新义务论,也包括新德性论和新契约论。新功利论主要探讨行为功利主义和规则功利主义的争论焦点以及黑尔对它们的调和策略。新义务论主要介绍了罗斯的直觉主义义务论。新德性论呈现了德性伦理学家群体对功利论和义务论的集中批判，重点介绍了麦金泰尔、赫斯特豪斯和努斯鲍姆的德性论思想。新契约论主要介绍了高蒂尔、罗尔斯、斯坎伦对霍布斯契约论的发展和创新。应用伦理学部分包括生命伦理学和科技伦理学两个章节。生命伦理学一章首先阐述了生命伦理的四个基本原则——尊重自主原则、不伤害原则、有利原则和公正原则。其次介绍了生命伦理学的主要理论，包括"道德异乡人"理论、双重效果理论、相称主义思潮、境遇伦理学、功利主义思潮、康德主义思潮等。最后，还着重探讨了生命伦理中的责任问题。科技伦理学一章首先介绍了科技伦理学产生的思想背景。其次提炼、阐释了科技伦理学的核心概念，包括技术、风险、安全、进步、技术后果、责任等。最后重点介绍了科技伦理学的代表性理论，主要有约纳斯的责任伦理学、罗波尔的消极功利主义伦理学、胡比希的权宜道德技术伦理、米切姆基于责任的工程伦理、哈斯泰特基于商谈原则的科技伦理思想等。

最后说明一下本书的分工，理论伦理学部分由王晓龙负责撰写，生命伦理学由冉林负责撰写，科技伦理学由翟康负责撰写。三位作者长期致力于西方思想文化研究，希望为促进中西文化交流尽一份绵薄之力。但西方思想博大精深，限于个人的学识，不妥之处在所难免，请读者批评指正。

2022年3月

目 录

第一章　新功利论 ……………………………………………………（1）
　第一节　功利论的发展历程及遗留的问题…………………………（1）
　第二节　行为功利主义与规则功利主义之争………………………（4）
　第三节　理查德·黑尔对规则功利主义和行为功利主义的调和……（7）

第二章　新义务论 ……………………………………………………（10）
　第一节　康德义务论的基本观点……………………………………（10）
　第二节　罗斯的直觉主义义务论……………………………………（12）

第三章　新德性论 ……………………………………………………（15）
　第一节　德性论的思想传统及在当代的复兴………………………（15）
　第二节　麦金泰尔的德性实践论……………………………………（20）
　第三节　赫斯特豪斯的规范美德伦理学……………………………（23）
　第四节　努斯鲍姆的德性论…………………………………………（27）

第四章　新契约论 ……………………………………………………（31）
　第一节　霍布斯的契约论及对当代新契约论的启示………………（31）
　第二节　高蒂尔的自利型契约论……………………………………（33）
　第三节　罗尔斯的社会契约论………………………………………（37）
　第四节　斯坎伦的道德契约论………………………………………（41）

第五章　生命伦理学 (46)
第一节　生命伦理学的基本原则 (47)
第二节　生命伦理学中的道德理论 (62)
第三节　生命伦理学中的责任问题 (74)

第六章　科技伦理学 (87)
第一节　科技伦理学产生的思想背景 (88)
第二节　科技伦理学的核心概念 (98)
第三节　当代科技伦理学的代表理论 (107)

主要参考文献 (128)

第一章　新功利论

功利论，又称"功利主义"（UTILITARIANISM），在当代又叫作"后果主义""福利主义"，是西方伦理学的主要流派之一。功利论在20世纪五六十年代一度成为伦理学中的显学，成为当代西方伦理思潮中最为耀眼的一枝。功利论是以行为的结果来评判道德价值的学说，它所确立的道德目标是追求结果的利益的最大化。功利论简化了我们对行为的道德性的评价，它的最大特点就是简单直接，但随之而来的问题也产生了，道德价值能否仅仅以最大化的利益为标准？作为群体中的人，道德行为是为了获得个人利益还是群体利益？基于人的自利本性，如何实现群体利益？这些相关问题是功利论讨论和论证的核心。

第一节　功利论的发展历程及遗留的问题

当代功利论思潮的源头要追溯到近代英国的杰里米·边沁（Jeremy Bentham）和约翰·斯图尔特·密尔（John Stuart Mill）最早提出的功利主义。边沁认为，功利原理最早是由休谟发现的，但我们看到，休谟的目的并不是提出功利主义，休谟主要是批评当时的功利主义者，认为他们简单化理解人的动机对行为的作用，功利主义作为一种明确的道德哲学是从边沁正式开始的。边沁认为，应该以行为的实际效益来判断行为的善恶，而不是其他因素，具体来说，就是以所获得的快乐或幸福作为道德的标准。边沁认为，人性是相同的，所以人对外界的苦乐感受也是相同的，行为道德价值的多少直接取决于感受到的快乐（而不是痛苦）的量的多少，边沁致力于计算行为带来的快乐的量，他认为，"强度""持续性""确定性""远近性"是计算快乐的四个因素，"繁殖性""纯洁性""广延性"是衡量最大幸福（快乐）的三个标准。密尔在

《功利主义》一书中对边沁的功利主义进行了总结和进一步修正。密尔在边沁的基础上区分了快乐的质的差别,他认为快乐分为物质的快乐和精神的快乐,精神的快乐更为高级。同时,密尔区分了快乐、幸福、满足等概念,享受能力低的人更容易获得满足,享受能力高的人更不容易满足。他认为,满足与幸福是不对等的。在他看来,幸福与更宽广的内容联结在一起,幸福是快乐的进阶,幸福是道德行为的目标和原则,幸福包含了比快乐更多的价值追求。边沁和密尔的功利论均包含利己和利他的成分,边沁更加强调行为者个人的快乐和幸福。他认为,自利是利他的基础,公共利益是个人利益的总和,没有个人利益是不存在公共利益的。相对而言,密尔则更加强调所有人的共同幸福的获得,他认为,在最大幸福原则下,自我牺牲是必要的,"尽管只是在世界的安排还不够完美的状态下,人们才会通过牺牲自己来服务他人,然而只要世界还处于不完美的状态中,我完全承认准备做出这样的牺牲是能够在人身上发现的最高的德行"[①]。由此,自利和利他的矛盾在密尔这里更为突出地体现出来,密尔更加强调道德的自我约束力。边沁和密尔的功利论提供了功利主义的研究对象和基本视域,确立了功利主义在伦理学史上的地位。功利主义的出现与近代资本主义兴起的社会背景以及英国经验论的学术环境息息相关。从社会生活层面来说,在早期资本主义社会中,人们更加重视经济生活中的实际利益而非理想中的行为;从学理上来说,功利主义是以人类趋乐避苦的天性和自利本性为理论基础的;从学术史来说,功利主义萌芽于近代培根、霍布斯的伦理学,是古希腊罗马快乐主义伦理学在近代的延续和发展。

亨利·西季威克(HENRY SIDGWICK)在1874年出版的《伦理学方法》一书中对边沁和密尔的功利论进行了详细的梳理和分析。西季威克把以往的伦理学方法区分为快乐主义和直觉主义两种类型,直觉主义致力于对人的天生的"道德感"(moral sense)的研究。西季威克认为,严格来说直觉主义更像是一种方法,把它单独作为一种伦理学说是有缺陷的,而快乐主义则是一种完备的伦理学。西季威克将快乐主义进一步分为功利主义和利己的快乐主义(或者叫自我主义),他发现在边沁和密尔的功利论中存在自利和利他因素的根本矛盾,所以他将以个人幸福为目的的自我主义(egoism)和功利主义严格区别开来,将自利因素彻底排除在功利主义之外。从西季威克开始,功利主义开始成为一种完全追求最大多数人的最大幸福(maximum happiness)的理论。功利主义以最大多数人的最大幸福为原则,这本身就存在理论上的困境。对于

[①]〔英〕约翰·密尔:《功利主义》,刘富胜译,北京:光明日报出版社,2007年,第25页。

一个理性人来说，如何化解自利与利他的矛盾。换句话说，如何让一个以自我幸福为终极目的的人去追求普遍性的幸福，这是功利主义最重要也是最难解决的问题。在西季威克看来，虽然个人具有良心和履行社会义务的道德感，但是他们并不会凭借这些能力来舍弃自我幸福而转到集体的幸福。西季威克充分吸收了直觉主义的方法，他认为，对于一个理性人来说，应该通过哲学的直觉来获得大多数人的最大幸福的原则。具体来说，西季威克认为，生活中的常识道德规则对于人们的道德行为是至关重要的，比如人的德性、仁爱之情、诚实公正、对人的尊重、讲真话的义务、女子的贞洁道德、男子的勇敢等，但是如果我们只通过感觉层面的直觉和教条式的直觉，这些常识道德规则对行为的指导并不具有确定性和针对性。在西季威克看来，只有通过理性的反思（西季威克称之为哲学的直觉）才能把握常识道德中的自明性因素，从而"找到通向真正有意义的自明的道德原则的路径"①，这样使得常识道德规则真正转化为主体内在的道德律。西季威克希望通过哲学的方法打通个人利益和集体利益，但自利与利他因素是根本分裂的，这是一个基本矛盾，西季威克无法从理论上完全弥合它们之间的分裂。

　　西季威克的学生乔治·爱德化·摩尔（George Edward Moore）从元伦理学出发对边沁、密尔的功利主义进行了批判。摩尔肯定了古典功利主义将行为作为伦理研究对象的正确性。但他认为，古典功利主义将"快乐"作为行为的对象是犯了"自然主义的谬误"。摩尔指出，古典功利主义把"公共幸福"当作了终极目的，这是错误的，公共幸福只能作为行为的手段，人们只能欲求自己的幸福，不能证明公共幸福是值得人们欲求的。摩尔还批判了边沁和密尔把快乐作为唯一善的学说。他认为，快乐主义否认了德性、知识、生命、自然等美好事物的价值。摩尔还认为，快乐与人的主观意识有关，而且与其他相关的事物和质相关，并不是孤立的。在批判古典功利主义的基础上，摩尔认为，在道德行为中，行为的正当性（义务）与行为的结果的有用性是一致的。摩尔借鉴了西季威克的哲学直觉主义和"理想的善"，提出了他的"善"的概念。在摩尔看来，善应该与善的事物分开，善是一种单纯的、不可定义的事物，具有非自然的属性。摩尔认为，善只能以自明为依据，他提出在道德行为中应该将"理想事物"作为道德行为的对象。在摩尔的定义中，理想事物是自在的善，它们因自身的缘故而具有价值。理想事物是那些普遍性的善，摩尔主要通过

---

① 〔英〕西季威克：《伦理学方法》，廖申白译，北京：中国社会科学出版社，1993年，第394页。

"审美享受"和"与人交往的快乐"来论证和分析理想事物的特征,在摩尔看来,审美欣赏和对他人的精神品质的爱内涵了普遍的认识因素和情感因素。

我们看到,摩尔从元伦理学的角度对功利主义的批判深刻地揭示了古典功利主义深层次的逻辑矛盾,他对"善"及"理想事物"的论述已经超出传统意义上的功利论的范畴,触及了伦理问题的语言和哲学层面,体现了康德哲学的影响,这有利于功利论的进一步完善,而且促成了功利论在20世纪后半叶的分化。

第二节 行为功利主义与规则功利主义之争

理查德·布兰特(Richard B. Brandt, 1910—1997)在1959年出版的《伦理学理论》一书中最早提出"行为功利主义"和"规则功利主义"的概念之分,意在将当代新的主流的功利主义理论与传统功利主义理论区别开来。简言之,行为功利主义就是依据行动期望的后果来判定行动的性质,这是传统功利主义的中心议题,行为功利主义者并不认为道德规则在判定行为的道德性质时是必要的;他们认为,每个行为的处境和条件是不同的,所以并不存在适用于每个行为的规则。而规则功利主义者则认为,行为是在具体情境中根据行动所遵循和依据的规则来判定行动的对错及其道德性的,这样的规则是存在的,而且只有在规则的作用中,行为才是能够追求普遍得善的。这两种观点针锋相对,但在发展和改进的过程中,面对自身理论的限度,它们也在不断吸取对方的一些有益成分。

斯马特(J.J.C. Smart, 1920—)发展了一种较为成熟的行为功利主义理论。斯马特试图从密尔的幸福论返回到边沁的快乐论,从而恢复行为功利主义的本来面目。斯马特赞同密尔对幸福与快乐的区分,也承认幸福与快乐相比在时间上更为长久,但他认为幸福和快乐并没有实质的不同,幸福和快乐都与欲望的满足感紧密相关,由此,斯马特充分肯定了感性的快乐。无论是规则功利主义还是行为功利主义,它们的最大共同点是都要追求"最大化幸福"的结果,按照布兰特的话说,也就是追求行动的"最大效用集"(maximum net expectable utility)。斯马特承认这一点,在他看来,行动功利主义者所追求的最大效用不是针对个人的,而应该是针对全人类或一切有知觉的存在者的。斯马特承袭了英国早期道德感理论中的"仁爱"观念,他认为,伦理的根本原则应该依赖于人的基本态度或情感,他把"普遍化仁爱"(generalized benevolence)作为功利主义的根本原则。这意味着,判定行动的效果应该以它相关的所有存在者的利益来衡量,而非个别行为者。斯马特指出,行动遵循总体的善,因为总体状况(受历史文化、资源、环境等影响)是复杂的,一个行动产生的效果也是多方面的,一个行动的好坏应该由它产生的正面效果和负面效果的总和来决定。所以斯马特认为,一个行动的结果总是会符合一些人的利益,而同时必然损害另一部分人的利益,追求效益的公平分配是无意义的。换句话说,"普遍化仁爱"原则隐含了"非正义"的潜在可能,"如果伦理理论是功利主义的,它有时只好接受非正义,而那些受到正统教育的人事实上不喜欢这种可能性"[①]。斯马特认为,我们并不能苛求这一原则能够代表和符合所有人的意志。斯马特认为,在具体行为中,行为功利主义也不是不遵循规则,个人的行为可以按照习惯或日常的生活经验规则来行事,这与以后果来考量行为的道德性并不冲突,但这与规则功利主义所强调的遵循形式化的规则是不同的。斯马特认为,对于一个行为者来说,他没有时间,也不能无偏见地计算和选择那些预设的形式化规则。斯马特通过重新探讨古典功利主义和重塑功利主义的原则,批驳了元伦理学对功利主义的篡改,为行为功利主义进行了有力的辩护。

规则功利主义者更加强调规则对于行动的道德对错及价值的决定性。早期的规则功利主义将规则与行动的后果直接联系起来,试图通过干预规则来直接影响行为的正当性。从本质上来说,早期规则功利主义也是从行动的后果来看待行为的道德性和正当性,这与行动功利主义没有区别,但它们希望避免行为功利主义只凭借结果来评价行为的道德性可能出现的非正义问题。在早期的规则功利主义那里,仍然存在一些缺陷和没有解决的问题。例如,规则总是与它的社会背景和文化环境相关,这使得规则的应用范围具有局限性。而且,规则的运用与人的主观意识相关,人对规则的主观使用可能直接影响行为的结果,甚至,在行为过程中可能存在不同规则之间的矛盾与冲突,如果人有意识地选择有利于自己的行为规则,规则功利主义就会得出与行为功利主义一样的自利结果。

约翰·霍斯伯斯(John Hospers,1918—)受到康德义务论的影响,他对早期规则功利主义进行了改进。康德的义务论认为,行为的正当性应该由

---

① 〔澳〕斯马特,〔英〕威廉斯:《功利主义:赞成与反对》,牟斌译,北京:中国社会科学出版社,1992年,第69页。

它是否遵循"绝对命令"来决定的,"绝对命令"具有可普遍化的特点。霍斯伯斯认为,只有重视规则的普遍化后果,才能避免早期规则功利主义出现的一系列困境,在霍斯伯斯看来,研究规则的普遍化后果并不是研究单个行动的后果,而是研究某一类或相类似情形中的规则,并考虑它在这种情境中对于行为的可能影响。从操作层面来说,他认为应该使用多次使用规则的方法来检验它的有效性或者有害性。霍斯伯斯试图克服行为功利主义乃至简单规则功利主义可能产生的行为的偶然性结果。但总体来看,霍斯伯斯的规则功利主义同样是从后果来测试规则的适用性,这是一种概率论,无法完全避免偶然性的出现。

布兰特比霍斯伯斯走得更远,可以说,他建立了真正意义上的规则功利主义。布兰特力图避免将行为的道德性与行为的后果直接联系起来。他认为,我们应该聚焦于行为实际发生之前的那些因素。布兰特接受了皮亚杰的行为认知理论。在《善与正当的理论》一书中,布兰特认为应该这样来规定一个合理的行为:"第一,如果某人的行为在某种程度上被称为合理,那么决定与影响该人行为的内在机制(除他的欲望外)必然是达到了尽可能理想的状态;第二,如果某人做出的行为是合理的,那么影响他行为的欲望必须是合理的,而一个合理欲望的产生又必然要经过一个批判认知的过程。"① 在布兰特看来,合理行为的内在发生过程一定与认知、欲望、情感等内在因素有关,行为发生之前的心理过程一般包括两个方面,一个是确定合理性,一个是对不合理欲望的理性批判。也就是说,在布兰特看来,合理行为总是受到道德因素和非道德因素的双重影响,所以一个正当的行为应该与一套道德规则相一致,承认规则才会有好的结果。在布兰特看来,要为个人合理行为提供充分保障和实现社会的最大效益,规则就不应是个人内在的良心法则,而是关于社会的一整套道德体系。布兰特认为,这样的道德体系具有精简、有效、适用性等特点。而且,一个完整的道德体系应该是多层次的,它既有日常道德规范,也有更高的道德原则,更高的道德原则就是"避免伤害原则":产生善应该以不伤害任何人为前提,除非所收获的善比伤害更大。日常的基本生活规范指向那些自明的义务,而次一级的规则则作用于基本规则之间的冲突。布兰特认为,在高层次规则对低层次规则的指导之下,现实社会的道德冲突是能够得到有效解决的。与霍斯伯斯一样,布兰特也强调规则的普遍性意义,在他看来,在一定社会条件下选

---

① Richard B. Brandt, *A Theory of the Good and the Right*, Oxford: Clarendon Press, 1979, p. 11.

定的道德体系应该是普通具有良知的人都会认知、认可并且实践的,这显然基于人性皆善的乐观设计,是非常理想化的。进一步来说,布兰特的规则功利主义包含了人的道德义务和德性的内容。但是布兰特的规则功利主义并没有完全变成一种义务论:一方面,他的规则并不是抽象法则,而是与人们的社会生活息息相关的规则;另一方面,在布兰特看来,行为是一个复杂的过程,行为的效果是与行为动机的多重因素相互作用的,制定规则是为了促进行为的最大化效用值,行为的动机(也就是规则)固然重要,但我们判定行为的道德价值仍然是以行为效应相关的价值为准。

布拉德·胡克(Brad Hooker)对规则功利主义进行了改进,是当代"规则后果主义"的重要代表。首先,胡克坚定地站在后果主义的立场上,他批判了行为功利主义的善的概念和欲望观。他认为,行为获得的是后果而非功利,在后果中包括很多非功利的因素,所以行为功利主义将最大化功利视作唯一规则是不正确的。他认为,行为的正当性不在于产生了好结果,而是在于产生了一套能带来好结果的规则。其次,胡克非常重视规则的内在化问题,在他看来,一个规则如果不能内在化,那么对于行为是毫无意义的。规则的内在化受到时间、地域、历史等多重因素的限制,那么如何进行内在化呢?胡克认为,布兰特理想化的接受规则的方式是不正确的,这种方式依靠遵守道德义务或德性的人们形成规则的默契,有走向契约论的危险。胡克看到了规则在现实社会以及代际之间的接受难度,他认为,道德规则的接受依靠人们的道德动机,也就是在生活中养成遵守道德规则的"倾向",而人们对道德规则的倾向又是依靠人们的道德直觉来保证的。胡克认为,人们对于生活中的大多数规则都具有一种道德直觉。胡克指出,在一个团体中,不可能所有成员完成规则的内在化,规则的内在化只能是绝大多数人,胡克甚至设定了百分之九十的内在化的上限。规则的内在化为公共善的最大化提供了保障。在注重规则内在化的同时,胡克也非常重视福利分配问题。他认为,我们在选择规则时,应该兼顾公平和福利,但胡克并没有给出公平分配福利的具体方案。

第三节　理查德·黑尔对规则功利主义和行为功利主义的调和

从规则功利主义与行为功利主义的论证来看,它们各自存在一定的理论困境，行为功利主义不能很好地解决功利的普遍化问题，而且，人们往往会质疑那个唯一的功利主义原则，而规则功利主义又容易陷入道德的"乌托邦"之中。理查德·黑尔（Richard M. Hare，1919—2002）是当代重要的元伦理学家，其主要著作有《道德语言》《自由与理性》《道德思维》等，针对功利主义的理论危机，黑尔从元伦理学出发对规则功利主义和行为功利主义进行了调和，发展出一种新的功利主义思想。

为了说明道德规则在行为主体中的作用，黑尔首先分析了人的道德思维。黑尔认为，人的道德思维分为两个层次：直觉思维层面和批判思维层面。黑尔认为，那些具有"显见原则"（prima facie principle）的道德规则依靠我们的直觉就能把握其"自明性"，比如一些日常生活规则。但是仅仅有直觉思维是不够的，如果两种显见原则发生了冲突，这时只能求助于批判思维来解决，"'批判思维'的作用在于，在道德概念的逻辑特性以及非道德事实的约束下做出抉择"[1]，批判思维可以针对具体行为选择显见原则，而且还可以对显见原则的应用进行反思。在黑尔看来，对于道德行为来说，直觉思维和批判思维是同等重要的，它们代表着人的认识的不同过程，从思维的层次来说，批判思维处于人类认识的更高层次。从功利主义理论来看，直觉思维把握那些自明性规则，这是规则功利主义的思维方式，批判思维解决具体行为中的道德冲突，这是行为功利主义的思维方式。所以在黑尔看来，行为功利主义和规则功利主义是不冲突的，它们分属于行为的不同侧面。通过道德思维，黑尔揭示了功利主义并不是反直觉和反常识的。

在道德思维的分析之上，黑尔进一步从逻辑和语言哲学的角度来论证道德规则的普遍化问题。黑尔对康德哲学进行了一种功利主义的解读，在他看来，功利主义在形式上是与康德哲学高度接近的。康德认为，道德规则的普遍化也就是道德判断的逻辑形式的可普遍化。黑尔进一步指出，道德语言就是一种可普遍化的理性规定。首先，"命令性"或"规定性"（prescription）是道德语言的本质特征，祈使句是体现语言命令性的典型例子。其次，道德语言除了具有规定性意义外，还具有描述性意义。描述性就是一种客观性，我们可以用描述一个对象和行为的语言描述其他类似的对象和行为，这就是语言的可普遍化。黑尔强调，描述性既是普遍的，又是具体的。由此黑尔认为，依赖于道德语言的道德判断具有规定性和"普遍性"（universality）。以价值词"应当"为

---

[1] R. M. Hare, *Moral Thinking: Its levels, Method, and Point*, New York: Oxford University Press, 1981, p. 40.

例，同康德一样，黑尔认为应当就是善，当应当用于善这个评价性目的时，具有一种祈使性意义，也就是一种规定性。应当也具有一种普遍性，按照功利主义，每一个行为都在追求最大化利益。黑尔解释道，追求最大化效益的行为都内含着一个应当的次规则，即在同样的情景中，每一个人都应当像"我"一样选择能够实现"我"的最大效用的行为。黑尔认为，道德判断的规定性是首要的、本质性的，普遍性是从属的、灵活具体的。

黑尔借助语言逻辑说明了道德判断的规定性和普遍性特征，由此揭示出我们内在的道德法则，这种内在法则要求我们的行为必须按照可普遍化的规定性来行事。黑尔承认，在具体的道德实践中，我们必须基于一定的道德事实，而不是单纯依靠主观判断。但他同时也指出，我们内在的道德法则与道德事实本身的自然属性有一种必然的联系，或者说，自然属性也是倾向于道德性的。道德判断本身的规定性与具体的道德实践是两回事，除了应用理性思维，在具体行为中，黑尔还主张利用行为者设身处地的"想象"来辅助推动对可普遍化的规定性的理解。另外，黑尔还提供了检验和修正道德行为的方法。他认为，可以通过考察群体中的人们的"意向"和"利益"来检验一个道德判断是否符合普遍化的规定性，如果出现道德判断的失误，可以通过"猜想"和"反驳"等方法来恢复道德性。由此可见，黑尔的功利主义仍然是后果主义式的。通过揭示道德思维及道德判断的基本特征，黑尔建立了基于认知的后果主义伦理学，有力地反驳了伦理学中的非认知主义，对功利主义进行了捍卫。

第二章 新义务论

义务论（deontology），又译为"道义论"，西方社会影响最为深远的伦理学派之一。"义务论"一词最早是由安斯库姆在1958年的《现代道德哲学》一书中提出的，义务论致力于对道德行为的研究。义务论认为，行为的道德价值应该由行为的动机来决定，道德价值的大小取决于动机本身的大小，而动机又往往推导出人对规则的责任与义务，这与功利论从行为的结果来考量行为的道德性是针锋相对的。值得注意的是，规则功利主义也注重规则的作用，但他们的规则本质上是为结果服务的，而且他们的规则是具体化的，这与义务论所强调的具有决定意义的形式规则完全不同。

第一节 康德义务论的基本观点

义务论的思想源头是近代哲学家伊曼努尔·康德（Immanuel Kant，1724—1804），他在《道德形而上学奠基》《实践理性批判》等著作中确立了义务论的基本论域和基本观念，康德的论述被奉为义务论的经典表述。

在《道德形而上学奠基》一书中，康德首先指出，行为之所以具有道德价值或在道德上是"应当"的是出于人的"义务"（obligation，一译责任），义务约束了人的行为，要求人按照道德规则所要求的去做。康德在概念上区分了外在义务和内在义务，在康德看来，外在义务是指法权关系上的义务，而内在义务才是指道德义务。康德又区分了出于义务的行为与符合义务的行为，他认为，道德行为本质上是出于义务的行为，而不是符合义务的行为。康德认为，人类之所以具有义务，从认识论来说，这是由于人类具有"善良意志"（good will），善良意志是一个无条件的、自在的善，康德是一个先验的理性论者，在他看来，善良意志又是受到理性规定的。所以义务就是道德生活中受到理性限制的善良意志的具体体现。

在义务和善良意志的概念之上,康德进一步提出道德的三条原理:第一,只有出于义务的行为具有道德价值。第一条原理将那些出于偏爱和利益的行为排除在道德行为之外。第二,"一个出自义务的行为具有自己的道德价值,不在于由此应当实现的意图,而是在于该行为被决定时所遵循的准则,因而不依赖行为的对象的现实性,而仅仅依赖该行为不考虑欲求能力的一切对象而发生所遵循的意欲的原则"①。第二条原理将道德价值指向了意志所遵循的规则,而不是意志推动下的行为的结果。第三,义务就是由于尊重规则而产生的必然性。第三条原理表明,由于遵循规则,主客体达到了统一。三条原理从道德价值的内在性入手层层推进,将动机与规则联系起来。康德对规则进行了区分,他认为,规则可分为"准则"(maxim)和"法则"(law),准则是指人的主观上的理性认识,而法则是指客观的实践法则。按照康德的思路,行为的道德性论证从行为本身的义务来到人的主观认识,最后直达道德的根源所在——客观的普遍性的形式法则。按照康德的范畴来讲,这个形式法则就是"绝对命令"(absolute order)。

在康德看来,行为的道德价值取决于它所依据的普遍性的法则,而不是其他因素。康德对行为道德价值的研究是与对人或人的本性的研究相一致的。康德把人的本性分为"动物的本能""人性"和"人格"三个层次。动物的本能是指本能的冲动,按照康德的话说是"机械性的自爱",它是非理性的。人性是指通过理性确立目的的能力,康德把人性的这种作用称为"技术倾向"或"实用倾向",人性包括习得的能力、艺术能力及审慎能力,以及对目的的比较和组织能力等。康德认为人格在三个层次中最为崇高,人格建立于人性之上,通过理性将道德法则给予自己,人格体现出对道德法则的尊重,也就是人的自我立法。康德继承了目的论的传统,将人格作为存在的目的,每个理性存在者都应该在自身或者他人中寻找存在的目的,人类将形成目的的王国。康德将道德价值与人的理性目的性存在统一起来,对于人来说,如果说绝对命令是一种形式原则,那么也可以说人的本性就是一种鲜活的实质性原则。康德认为,理性的人接受两类命令——"假言命令"和"定言命令"。假言命令是使得具体行为成为善良或好的行为的命令,无论是审慎的规劝还是技巧性的手段,假言命令是关于具体目的的准则。在康德看来,假言命令不涉及道德判断,无关于

---

① 〔德〕康德:《康德著作全集》(第四卷),李秋零译,北京:中国人民大学出版社,2005年,第406页。

行为的道德目的。定言命令,也就是绝对命令,它是指自身就合乎理性的意志之中的命令,绝对命令超越具体目的,它关系行动,但又从具体行动上升为普遍立法的准则,所以只有绝对命令才是道德的标准。康德将那些或然的或实然的原则排除在道德体系之外,在他看来,绝对命令是形式的,而不是质料的,是先验的,而不是经验的,"正是为了那种不顾意志的一切主观差异而使这个德性原则成为意志的形式上的最高规定根据的普遍形式,理性才同时把这个德性原则宣布为一条对一切有理性的存在者而言的法则"①。在道德行为中,绝对命令是与人格相呼应的。

康德强调人格的重要性,但他对人的本性的认识并不是乐观的。康德认为,人类除了具有理性的本能,还具有非理性的本能,人对客观法则的遵从常常受到非理性因素的干扰,一个普通人并不是纯粹的理性存在者,所以依靠人的本性遵从普遍性的形式法则(绝对命令)是不容易的。人格是人类的理想状态,而非现实状态,康德给予了它绝对价值,实质上也就是给予了人类更高的期许和要求。康德在《实践理性批判》中强调,意志的自律是必要的,只有通过理性的自律,才能遵循来自绝对命令的普遍性义务,也只有意志的理性自律,才能获得积极的自由去履行义务。

康德义务论伦理学的基本观点是道德责任的内在性、绝对命令的先在性和普遍性,以及每一个理性人的责任和使命。康德义务论从理性哲学和认识论出发,论题之艰深常常让人产生误解。黑格尔指责康德的绝对命令是空无一物的。麦金泰尔认为,我们可以在生活的每件事中找到绝对命令,这都是对绝对命令的超越性和普遍性的曲解。而黑尔、卡米斯基(Cummiskey)等伦理学家则把康德的道德哲学解读成一种后果主义,这种理解与康德义务论的基本原理是完全相悖的。

第二节 罗斯的直觉主义义务论

戴维·罗斯(David Ross,1877—1971),英国著名伦理学家,当代义务论最重要的代表,著有《亚里士多德》《正当与善》《康德的伦理学理论》等。罗斯主要从直觉主义的方法论提出一种自明性的义务论的思想,罗斯的义务论

---

① 〔德〕康德:《实践理性批判》,邓晓芒译,北京:人民出版社,2003年,第42页。

是对康德义务论的变革和发展。

罗斯接受了康德义务论的一些基本概念,但他批判了康德对"义务"(责任)、"善"等概念的释义。罗斯认为,康德混淆了"责任"和"责任感"两个概念,康德所说的义务实际上是指责任感。责任感是一种"道德感",莎夫茨伯里(The Third Earl of Shaftebury)、哈奇逊(Francis Hutcheson)、巴特勒(Joseph Bulter)等哲学家先后揭示过道德感的意义。他们认为,在人的内心,具有一种对道德善的感觉,这种感觉深植于人性之中,内含着情感及一些道德原则。与义务相对应,罗斯认为,康德也混淆了"正当"和"善"。他认为,正当与善在内涵上是有区别的,善的并不就是应当的,真正道德意义上的善是自明的,而不是康德所谓的逻辑上的正当。罗斯认为,康德的混淆实质上是将义务和善的客观性和主观性混淆了,正因为这种混淆,所以康德将意志的理性自律作为遵守义务的规范。在罗斯看来,"以纯粹理性的视角看待行为者履行道德义务的问题,无非是将行为者视作遵守伦理道德规范的机器,而无视行为者作为伦理道德实践主体的意义"[①]。罗斯指出,我们是因为义务本身的"自明性"(self-evident)而去实践某项行为,而不是出于一种道德感。在罗斯看来,自明性的义务不仅仅指元伦理学家摩尔所指的原初的基础性的义务概念,而是指与道德事实密切相关的一系列义务,它们是纯客观的,不是人的主观认识的义务。罗斯认为,自明性的义务具有自身的特点,首先,它们所指向的行动是正确的。其次,它们是独立于个人主观意见的客观义务。最后,自明的义务与实际的义务有别,自明的义务只有在实际的道德情境中经过考量,才能成为具体义务。罗斯将生活中的自明性义务还原为六种基本类型:(1)依赖于自己过去行为的义务;(2)对他人给予我帮助和服务的感恩的义务;(3)纠正不公正分配的义务;(4)使他人过得更好的慈善性的义务;(5)在德性和智力方面自我完善的义务;(6)不伤害他人的消极义务。这六种义务也就是六种善。罗斯认为,这六种义务在逻辑上是相互无涉的,换句话说,这些善之间是不能通约的,也就是说,在现实生活中,这些义务有可能是相互冲突的。

那么对于行为者来说,如何理解和把握自明性的义务呢?罗斯并不认为康德所坚信的理性动机是有用的。罗斯认为,义务是自明的,它自我证明,所以不需要人的理性来加以证明。人类应该利用直觉能力把握这种自明性,并且履行道德义务。在伦理学史上,直觉的道德作用早已被认识。西季威克将伦理学中的直觉理论分为感觉的直觉主义、教义的直觉主义和哲学的直觉主义三种类

[①] D. W. Ross, *The Right and the Good*, New York: Oxford University Press, 1930, p. 5.

型，西季威克倾向于哲学直觉主义的立场。在西季威克看来，直觉在感性层面和理性层面都可以使用，最终，直觉只有借助理性的反思才能超越常识道德而获得自明性的原则。而罗斯则认为，在对自明原则的把握中，直觉与理性能力是可以截然分开的，通过直觉能力可以直接感知到每一个自明性义务。罗斯区分了自明性义务和实际义务。自明性义务是"倾向于成为我们的义务"，而实际义务"是我们的义务"，也就是说，实际义务是我们在生活中具体面对的那些义务。在他看来，人类实际的生活是纷繁复杂的，人类在实际生活中面临诸多的责任和义务。罗斯认为，有的实际义务可以还原为自明性义务，有的实际义务则是非自明性的义务。在生活中，如果不止一种义务让我们具有责任，那么就会产生道德冲突，这时人将陷入道德困境之中。对于如何化解道德冲突，罗斯认为，自明性的义务论表明，那些自明性义务并不要求行为者一定要遵守和履行，这完全由行为者根据自身的直觉来进行判断。而对于那些非自明性义务之间的冲突，罗斯的义务论则无法给出解释，也就是说，直觉对非自明性义务的冲突是无能为力的。道德困境的存在意味着罗斯的义务论具有理论的局限性。罗斯后来逐渐转向功利论，把"善的促进"纳入自明性义务中，并利用功利主义原则——行为结果的"最大效用集"来统摄非自明的道德义务。罗斯希望通过借鉴功利论来化解义务论留下的道德冲突，但义务论与功利论在根本上是不可调和的，这也造成罗斯义务论自身的悖论。

　　有学者指出，如果把康德的义务论视为一种"强义务论"（stiff-deontology），那么罗斯的义务论就是一种"弱义务论"（soft-deontology）。强义务论从绝对命令出发，以普遍化的道德法则作为道德的标准，要求行为者利用意志的理性自律来遵守和履行义务。而弱义务论则从义务的自明性出发，行为者利用直觉来把握自明性义务，这种把握并不是带有强制性的，也不要求一定去履行道德义务。弱义务论是对强义务论的重要变革和发展，它更加重视道德事实和人性的完整性，在人类的道德思想发展史上，它也越来越受到人们的认可和青睐。

第三章　新德性论

德性论（virtue ethics），又称德性伦理学，在伦理学史中，德性论有着悠久的思想传统，人们很早就注意到人的人格品质对于道德的重要作用。功利论和义务论将道德行为作为研究道德问题的主要思考对象，而德性论认为，道德行为的实现关键在于行为者稳定的道德习性和道德品质，而不在于他做的某一件具体的事。而人的道德品质总是与理性、意志、情感等认识论因素相关的，所以德性论的研究必然以认识论为基础，可以说，德性论真正回到了对人及人性的哲学层面的研究。德性论的主要内容为：分析人的道德品质的内容及其作用，探寻道德品质的内在成因，寻找人的德性的塑造途径和方法，德性论希望回答人的本质是什么以及应当成为什么样的人的问题。

第一节　德性论的思想传统及在当代的复兴

德性论最早可以追溯到古希腊的亚里士多德。亚里士多德在《尼各马可伦理学》中明确将德性作为实现幸福的主要手段，所以它是伦理学讨论的主要内容，在他看来，德性就是人的一种习性，德性通过后天实践养成并且进入人的天性。亚里士多德将理性作为德性的内核，将理性控制的"中庸"状态作为衡量德性的标准。他把人的德性分为理智德性和道德德性，又把理智德性分为理论理性的德性和实践理性的德性，并且按照重要性的顺序列举了人类的四个主要德性（明慎、节制、勇敢、正义）和次要德性，构造了一个相对完整的德性的"目"。亚里士多德为德性论确立了基本的理论框架，对后世影响深远。中世纪的托马斯·阿奎那继承和发展了亚里士多德的德性思想，他以中世纪对嗜欲力（意志能力）的研究为基础，将情感论整合到他的理性论乃至德性论之中，并且结合奥古斯丁的德性论，增加了相信、希望、爱三种德性，提出了一个更为庞大的德目体系。自近代以来，一方面，"文艺复兴"带来人的觉醒，"启蒙运动"进一步将理性作为人的觉醒的标志，这使得研究人的行为动机的义务论（理性动机论）成为风靡一时的伦理思潮；另一方面，随着资本主义经济的兴起，伦理学中的实用倾向（即功利倾向）逐渐占据了上风，义务论和功利论逐渐成为伦理学的两大主流思想，而德性论则逐渐式微了。1958 年，英国哲学家安斯库姆在他的论文《现代道德哲学》中指出，对于功利论和义务论留下的伦理困境，只有德性伦理学可以提供有效的解决途径，这是当代伦理学者首次明确指出德性论的重要性。20 世纪 80 年代，在麦金泰尔呼吁回到亚里士多德的德性论传统的号召之下，德性论重新得到了伦理学界的普遍重视，麦金泰尔发表《追寻美德》之后，一大批伦理学家相继致力于德性论的复兴，他们有意识地挖掘古典德性论的思想遗产——特别是亚里士多德、阿奎那和休谟等人的理论资源，并以此为基础形成各自的德性论思想。

德性论在当代的复兴是以对现代道德哲学的系统批判为基础的，几乎每个重要的德性伦理学家都对现代道德哲学展开了猛烈的批判。当代德性论的先声——安斯库姆认为，现代道德哲学有违亚里士多德伦理学的初衷，现代人眼里的"道德"已经不是亚里士多德所说的"道德"了。他首先批评了元伦理学，他认为，休谟对"是"与"应当"的区分实质上造成了道德的事实判断与价值判断、真与善之间的界限和鸿沟，这种人为设定的界限是不正确的，他指出，在实际的道德事件中，在设置一定的原则之下，事实判断是可以转换为价值判断的。其次，在安斯库姆看来，义务论也是不可取的，康德以"绝对命令"为中心的义务论本质上是一种律法道德论，他所强调的律法是人为自己立法，所以并不具有客观性和普遍性。安斯库姆还批评了当代的新功利论。他指出，功利主义的原则在当代道德哲学家的理论中变得意义多样了，这种意义的含混使得功利主义的原则很难给予人们正确的指导，进一步来说，强调后果原则的功利主义乏于解释道德两难问题。安斯库姆认为，对于那些道德两难问题，德性论却能够给出合理解释，在新德性论（新亚里士多德主义）那里，道德上的两难可以利用人的主观选择方法作出选择（比如"两恶相权取其轻"等）。

米切尔·斯洛特（Michael Stocker，1941— ）一针见血地指出，现代人似乎都患有道德的"精神分裂症"（moralschizophrenia）。在他看来，现代人做某事的理由与动机（欲望）是分裂的，比如，一个人想要见义勇为，但是却临阵脱逃了，就是理由与动机的不一致，这种分裂状态一定不会带来道德之善。斯洛特认为，这种精神分裂症是由现代道德理论造成的，他指出，无论是利己主义、功利主义，还是康德的义务论都具有双面的缺陷。利己主义追求个人的快乐，但是处于群体中的个人必然与他人发生联系，所以个人也需要在他人处获得爱、关心，要获得他人的爱与关心，就必须放弃最初的纯粹利己主义的动机，斯洛特认为这是自相矛盾。斯洛特还指出，功利主义追求快乐的量的最大化，而处于群体中的人必然同时向往一个充满和谐、爱与温情的共同体，但是在功利主义那里，对他人的爱仅仅是追求快乐最大化的手段，并不是真正的爱他人，这样就无法形成一个良好的共同体，斯洛特认为，这就是动机与理由的不一致。斯洛特还指出，康德的义务论是以一种外在的方式来处理人与人之间的关系，把对他人的爱与关心只当作一种责任，这样作为责任感的对他人的爱和关心并不是真正的爱和关心，所以斯洛特认为，出于责任感的行为只关心行为者自己的道德感受，那么这就是一种自私自利的行为，斯洛特认为这也是理由与动机分裂的表现。在斯洛特看来，现代人的精神分裂症将人们的生活碎片化，导致一系列的道德困境，要治愈这种精神分裂症，斯洛特诉诸"道德情感主义"，他主张将美德与情感结合起来，建立一种情感主义的规范伦理学。

菲利帕·福特（Philippa Foot，1920—2010）于1967年提出了一个伦理学中著名的思想实验——"电车难题"（Trolley Problem）：一个疯子把五个人绑在一条铁轨上，一辆失控的电车向他们疾驰而来，如果可以用一个拉杆把电车拉到另一条相邻的铁轨上，而这个铁轨上被绑了一个人，那么我们应该拉这个拉杆吗？"电车难题"揭示了一种道德上的两难选择，我们很难说拉动拉杆将会使得行为本身变得更加道德，福特的目的在于批判功利主义，因为按照功利主义原则，拉动拉杆就应该是道德的。福特认为，功利主义的根本错误在于追求福利总和，追求福利总和在实践中会遇到很多问题，比如，快乐的量的增加并不意味着善的增加，而且在道德实践中，总和的善往往以牺牲个别人的快乐为前提。福特进一步指出，功利主义的原则隐含了人们对美好社会的理想和信念，人们所做的事都要为这个终极的理想社会服务，但是在日常的道德生活中，人们却并不能将日常行为与这个终极的理想联系起来。福特试图从功利主义的角度来解释人们在日常生活中的善的行为，但她发现，按照功利主义的描述是无法把现实中的善行解释清楚的，善的行为总是与行为者的主观立场相关，也就是说，功利主义的解释存在一定的局限性。在福特看来，个人的善与福利总和的统一必须从行为者相应的品德上来理解，这实质上回到了德性论的立场。福特还批判了康德的义务论，福特在《道德作为假言命令的系统》中质疑了康德的"绝对命令"的权威性。按照康德的范畴，假言命令都是不可取的，但福特指出，在实际生活中却能够发现多种多样的假言命令，这些假言命令所涉及的行为并非都是不道德的行为。假言命令总是包含了个人的目的和欲望，那些欲望成为假言命令的内生动力；相反，福特认为，绝对命令却不具有那种内生动力，绝对命令与人们日常的行为习惯在行为者那里是一样的，既可以遵守，也可以不遵守，康德所赋予的绝对命令的尊严和必然性是不存在的。在批判功利主义和义务论之上，福特在《自然之善》一书中指出，人类之所以有好的行为是由于人类天性中就有自然的善。福特驳斥了摩尔等元伦理学家的"非认知主义"观点。她认为，这些非自然的善并非不可认知的。通过重塑实践理性，福特在事实判断和价值判断之间架起了桥梁，她聚焦于动机、欲望、行为的自然规范性，证明了人性的道德评价功能，为德性论的出场奠定了基础，她通过说明德性与实践理性和幸福的关系，凸显了德性的道德价值。

阿拉斯代尔·查莫斯·麦金泰尔（Alasdair Chalmers MacIntyre，1929—）认为，现代人道德观念淡薄、生活的无序化和碎片化从根源上是由于现代道德理论造成的。已有的现代道德理论表现出三个特征：第一，每个理论和论证都不具有公度性，也就是说，它们都是站在自己的角度看问题，这容易造成道德相对主义；第二，道德的争论总是在一定的语境中以整体的面貌出现，而人们无法将道德语境与个人的道德行为联系起来；第三，各个理论的概念之间是不可通约的，它们各自具有独特的历史起源，概念的多元化造成人们认知上的困难和混乱。麦金泰尔将这几个特征归结为道德权威的丧失以及道德能力的弱化。麦金泰尔认为，从思想史来看，现代道德理论都起源于"启蒙运动"。启蒙运动本来要建立以理性为中心的规范伦理学，但是现代道德理论（义务论、功利主义等）却偏离了这个方向，它们过于依靠"规则"进行普遍化和公共化，这使得现代人的生活程式化和片面化。麦金泰尔着重分析了克尔凯郭尔、康德和休谟三人的道德理论。克尔凯郭尔在《非此即彼》中指出，人们走向伦理生活的根本在于选择一个道德权威，而他同时认为，某些权威的原则是独立于我们的主观认识的，但这些权威原则又必须依靠于我们的主观认识才能获得其权威性。在麦金泰尔看来，克尔凯郭尔这种说法是极其矛盾的，他根本没有树立起权威原则的权威性，对那些权威原则的选择是不可能的。麦金泰尔也对康德的绝对命令进行了批判。康德道德哲学确立了两个核心原理，即合理规则的普遍有效性和意志对于合理规则的遵守，康德想要为道德哲学树立可普遍化的检验标准，但是在麦金泰尔看来，康德的标准是形式化的，它没有任何实质内容。麦金泰尔认为，人是历史的产物，康德等启蒙思想家缺乏对人性乃至规则的历史性关照，所以失去了对它们最本真的理解。与他们不同，休谟的道德理论则是一种情感主义。休谟认为，道德是激情的产物，他强调激情和欲望在道德建构中的重要性。休谟特别指出,"同情"可以将人们的多样化的情感与对绝对规则的理由统一起来。麦金泰尔认为,前期的休谟和后期的休谟对"同情"的解释是不一致的,对休谟而言,同情仅仅是一种假设和虚构,而且,休谟的情感主义希望借助个人的情感和态度来进行道德评价和道德判断,这是一种主观主义。所以麦金泰尔认为,情感主义只能作为某一特殊时期的伦理思想来指导人的行为,而不能完全作为一种成熟的伦理学理论。对于功利主义,麦金泰尔认为,功利主义将道德原则建立在"趋乐避苦"的人性之上,这是一种个人主义和狭隘的目的论。总的来说,道德理论必须重新建立道德话语和道德权威,麦金泰尔从亚里士多德的德性论出发,认为只有依靠内在的德性才能支撑起启蒙运动所建立的那些道德规则。

伯纳德·威廉姆斯(Bernard Williams,1929—2003)是当代最为敏锐的哲学家之一,他对功利主义和义务论都展开了激烈的批判。威廉姆斯指出,功利主义将后果视作道德判断的依据,但是按照功利主义的概念和思路,并不能确定什么是有意的后果,这在逻辑上是讲不通的。威廉姆斯批评了功利主义的"最大化福利"原则。他认为,这一原则所追求的集体利益往往以牺牲个人利益为代价,所以功利主义只是将人作为手段和工具,没有考虑到个人的丰富的存在价值,功利主义原则实质造成了人的完整性的丧失,在对集体利益的追寻中,人们完全失去了个人的"能动性"。从社会发展来说,威廉姆斯认为,功利主义片面追求经济利益,现代社会功利主义蔚然成风,这必定影响整个人类的持续繁荣与长远发展。对于义务论,威廉姆斯批评了康德的理性主义原则,他认为,这一原则过于抽象化,是完全脱离实际的,它把个人从"个人的同一性"中抽象出来,这是将人从纷繁复杂的实践中剥离开来,没有考虑到实际情况的复杂多样。与康德相比,威廉姆斯更注重生活的实际情况,他主张回到亚里士多德"德性生活"概念所代表的原初状态。威廉姆斯也反对康德的"不偏不倚"(impartiality)的方法论,威廉姆斯反对在方法上将伦理学理论系统化。他认为,无论是功利主义,还是康德的义务论和新亚里士多德主义都试图寻找伦理理论的阿基米德点,但这样的基点是不存在的,这些所谓系统的当代伦理学理论实际上将道德问题简化,剥离了道德问题本身的复杂性,这些伦理学从方法上都是错误的。威廉姆斯认为,道德问题只应该诉诸直觉主义和经验的方法。

玛莎·C. 努斯鲍姆(Martha C. Nussbaum,1947—)主要是从亚里士多德伦理学的立场来批判功利主义。努斯鲍姆从亚里士多德的幸福观出发批判了功利主义的基本原则——将快乐视为唯一的善和衡量善恶的标准。努斯鲍姆指出，功利主义（主要是边沁的功利主义）所说的快乐具有"量化""单一化""最大化"的特征。首先，功利主义认为所有的快乐都是同质的，只是量上有差别，而按照亚里士多德的伦理学来看，快乐则含义丰富，它们具有不同的质，是不能够被通约的。其次，功利主义认为快乐是一切人类行为的价值目标，亚里士多德则认为，我们进行某个行为可能仅仅因为行为本身，而且，在人类的价值目标中，有很多价值目标并不包含快乐的特征，比如一些崇高的行为。有多样的价值目标就有多样的善，在亚里士多德看来，善是多元的，多样的善构成一个目的体系，这一体系以至善为终极，每个具体目标（善）都有它特有的位置，这显然与功利主义是不同的。功利主义只主张单一的善——快乐。最后，关于最大化特征，努斯鲍姆认为，亚里士多德并不认为可以用最大化来作为道德抉择的确定原则，功利的最大化结果往往是难以度量的。在亚里士多德的伦理学中，亚里士多德用"审慎"作为道德抉择的主要因素，"审慎"确定在合适的时间、合适的地点、合适的条件下进行合适的行为，以"中庸"之道作为道德行为的确定原则和标准。努斯鲍姆认为，亚里士多德以行为主体的原则来考量行为的道德性，比功利主义要高明很多。

综上，我们能够看出，当代德性伦理学家对现代道德理论展开了广泛而激烈的批判，这些批判很多是颠覆性的。尽管有些批判是建立在对功利论和义务论的片面理解甚至误解之上，但是这些批评无疑指向了一种新的伦理潮流，那就是从规范伦理学向德性伦理学的集体转向。当代德性伦理学的立脚点是亚里士多德以来的德性论传统，衍生出两个主要的研究方向，一个是德性的自然主义，一个是德性的情感主义。

第二节 麦金泰尔的德性实践论

麦金泰尔是当代影响较大的德性论伦理学家，他的代表作是《追寻美德：道德理论研究》《谁之正义？何种合理性？》《西方伦理学史》等。麦金泰尔虽然以对伦理思想史的研究和批评著称，但他在批评和评价伦理理论的时候也鲜明地表达了自己的伦理观。麦金泰尔是一个亚里士多德主义者，他极力主张回到亚里士多德的德性论传统，但麦金泰尔并不是固守传统，而是试图重构德性的伦理图式。

重构德性伦理学首先应以对概念的重构为基础，在麦金泰尔看来，要获得对德性的认识必须先认识什么是"实践"。麦金泰尔从亚里士多德的"活动"概念提炼出他的"实践"概念。他认为,实践应该这样来定义:"实践意指任何融贯的、复杂的并且是社会性地确立起来的、协作性的人类生活方式,通过它,在试图获得那些既适合于这种活动形式又在一定程度上限定了这种活动形式的优秀标准的过程中,内在于那种活动的利益就得以实现。结果,人们获取优秀的能力以及人们对于所涉及的目的与利益的观念都得到了系统的拓展。"[1]在麦金泰尔看来,实践是一种复杂的人性活动,它涉足的人类领域几乎是无所不包的,人类在实践中可以获得两种利益:"内在利益"(internal goods)和"外在利益"(external goods),它们代表着实践的不同目的。内在利益是指实践主体凭借其独特的内在经验所获得的内在收益。麦金泰尔认为,每一种实践活动都指向了内在利益,每一种内在利益都是不可重复的,它具有异质性和不可通约性,各个内在利益相互之间也是没有损害的。外在利益是指通过外在竞争所获得的收益,例如权力、名誉和金钱等。比如,一个作家凭借自己的天赋和技巧完成了一部长篇小说,他的内在将获得无以复加的成就感,内心将变得无比充实,这是内在利益,而这部著作为作家赢得巨大的名声,著作畅销带来高额的版税收入,这些都是外在利益。内在利益和外在利益可以被理解为内在善和外在善。相对而言,麦金泰尔更加强调内在利益的重要性,在他看来,外在善对于社会的正义具有一定的作用,但外在善并不是行为主体的最终追求,内在善才是主体追求的人性自适的最佳存在状态。在麦金泰尔,只有追求内在利益的实践活动才能叫作实践,这与我们今天所说的实践是不同的,我们今天的实践显然包含了那些外在的实践活动,麦金泰尔对实践的定义更为狭小。在麦金泰尔那里,德性实质地嵌入内在的实践之中,它是内在利益的获得性品质,"德性是一种获得性的人类品质,对它的拥有与践行使我们能够获得那些内在于实践的利益,而缺乏这种品质就会严重妨碍我们获得任何诸如此类的利益"[2]。

在道德实践中,麦金泰尔并不否认道德规则的重要性和权威性。人类在实践活动中形成了很多"优秀"(excellence)的事务性规则。他认为,这些规则是经过历史的检验和修正的,所以这些规则我们必须遵守,只有遵守这些规则,才能达到实践的目的。同时,麦金泰尔强调,德性是人们获得预期收益的

---

[1] 〔美〕麦金泰尔:《追寻美德:道德理论研究》,宋继杰译,南京:译林出版社,2011年,第238页。
[2] 〔美〕麦金泰尔:《追寻美德:道德理论研究》,宋继杰译,南京:译林出版社,2011年,第242页。

必要条件，德性不仅使得我们获得那些内在利益，德性作为理性动物特有的品质，还可以调节内在利益与外在利益之间的冲突，保障实践活动的正常运行。

麦金泰尔认为，除了保障单个实践活动的顺利运行，德性还能够促进人的自我同一。麦金泰尔指出，在当代两种思潮的影响下，个人生活的完整性和统一性被破坏了。一种是社会学思潮，社会学强调社会分工，将人类的生活分割成各个狭小的领域和片段，人们置身在各个特殊领域，扮演着某一特定领域的角色，生活的完整性和统一性不复存在。另一种是哲学思潮，麦金泰尔主要指当代哲学中的分析哲学思潮。麦金泰尔认为，分析哲学主张用原子式的思考方式来考虑实践活动，这样实质上把实践活动简单化和片面化了，这与人类实践生活的丰富性和完整性相悖。在麦金泰尔看来，德性能够实现人的生活的完整性和统一性。德性是行为者的稳定的内在品质，它也内涵了一定的社会关系，在具备德性品质的前提下，行为者与各个具体事件、各个具体环境与背景关联在了一起，个人的行为能够推广和复制，德性既是具体的，又是普遍的，德性能够使得行为者自我统一起来。麦金泰尔认为，对于一个道德实践来说，行为的"可理解性"是非常重要的，行为的可理解性是我们能够评价这个行为的道德善恶的基础，对于理性的我们来说，只有将一个人置于统一性之中，在特定的历史背景和环境中来看待他的行为，他的行为才是可理解的。德性将人统一起来，它所作用的行为是可以理解的。在麦金泰尔看来，行为的可理解性也就是"可叙述性"，可叙述性同样以人的统一性为前提。而且，这种可叙述性也就是自我的"可解释性"，这种可解释性是一个存在者与其他存在者的基本区分。在麦金泰尔看来，这种自我的叙述一方面解释了自我的独特存在，另一方面也解释了他人的存在，在一个共同的背景和环境中，只有通过德性，人才能将自我叙事与他人叙事联结起来。通过可理解性、可叙述性和可解释性这一组概念，麦金泰尔阐明了德性在人的统一性中的重要作用。总之，德性保证了人的统一性，使人在时间上成为一个连续的整体，使人的行为可理解、可叙述、可解释，使人的行为走向合理和道德。

从个人的生命统一性的角度来审视德性的作用带有一定的偶然性和特殊性，麦金泰尔还从道德传统的角度进一步阐释德性的重要性。麦金泰尔非常看重道德的历史性，他认为，个人是历史中的人，道德实践和理解也都是历史性的，那种脱离历史孤立看待道德事件的道德观是不正当的。麦金泰尔认为，只有德性才能将人类与历史和社会联系起来，使个人的历史融入历史的长河之中。在他看来，只有美德才能理解那些道德的传统，德性的实践就是在不断强化道德传统的历史性，德性能够维系道德传统的那种语境，它将人的现在、过去和未来联系起来，构建了一个道德的共同体。

麦金泰尔认为，人类的德性必然经历"实践""人的统一性""传统美德"三个发展阶段，这三个阶段也展现出德性的三个方面的价值：从促进人的个别实践活动到维系人的整个一生的完整性，再到将人的一生汇入人类历史，德性最后将演变成人类的道德传统。麦金泰尔以一种大历史观的宏观视角展开德性的意义和作用，历史主义的方法是非常具有说服力的。但是历史主义的方法也容易走向相对主义的误区，麦金泰尔在其后期的《谁之正义？何种合理性？》等著作中就不得不放弃亚里士多德的实践路线，而转向托马斯·阿奎那的德性论。麦金泰尔的德性论存在严重的缺陷，他过于依赖于传统叙事，忽略了德性的现实基础，当今社会已经失去了亚里士多德德性论的环境和语境，麦金泰尔并没有说明那种具有传统意味的德性是如何能够建构在当今法治社会之中的，他的德性论具有浓厚的理想主义色彩，缺乏现实的可操作性。

第三节　赫斯特豪斯的规范美德伦理学

罗德琳莎·赫斯特豪斯（Rosalind Hursthouse，1943— ）是新西兰著名的道德哲学家，她是当代最为重要的德性论伦理学家之一，她的著作《论德性伦理学》广为人知。学界认为，她对德性伦理学的理论建构最为完善，比较全面地阐释了德性论的基本内涵。

赫斯特豪斯通过比较规范伦理学来呈现德性论的特点。赫斯特豪斯认为，功利主义追求最好的结果，以结果所体现的效益的最大化来考量行为的道德价值的大小，义务论则以行为所遵守的规则来确定行为是否正当，它们都是以行为为中心，而德性论以行为者内在的道德品质（即德性）来评判行为的道德性，这是以"行为者为中心"，这是它们本质上的不同。许多伦理学家认为，功利主义与义务论都强调规则的重要性，功利主义与义务论的本质区别在于善与正当的优先性，而不在于是否遵守规则，最大化效益原则就是功利主义的规则，而且黑尔等人的功利论更加突出规则的重要性，义务论当然是强调规则的。所以在他们看来，功利主义和义务论按照规则对道德行为进行评价是直截了当的。相对来说，德性论评判道德的标准是行为者的道德品质，这似乎缺少一种权威性和确定性。对于一个不知道自己的德性的人来说，德性并不能指导他的行动，而对于一个知道自己具有德性的人来说，好像又没有必要指导他的行动，所以伦理学家们得出结论，德性并不能给予行动任何指导。面对这种质疑，赫斯特豪斯给出明确的回应，德性不仅能够给予行动指导，而且还能够比那些规范伦理学的规则给予行动更多的指导。

赫斯特豪斯进一步说明德性对于行为的作用。赫斯特豪斯认为，德性论对行为的道德评价与义务论所采用的思路和语境是不同的，义务论者以行为是否符合某项规则来评价行为的正确性，德性论则以是否符合美德来评价行为的优劣。在赫斯特豪斯看来，美德的评价胜过义务论的评价，对于一个恶的行为，我们用类似于法律条文的规则来评价它的对或错，或者我们用某种德性来评价，对行为者造成的影响是完全不一样的，相对而言，德性的评价更容易被人接受。赫斯特豪斯还从道德教育来考察德性的作用。赫斯特豪斯观察到，在儿童的家庭教育中，人们更加重视情感教育和品德的培养，培养儿童的良好道德品质远比学习规则更为重要。赫斯特豪斯从道德困境来检验德性的作用。面对道德困境，义务论者一般认为这是由于规则之间的冲突造成的，他们致力于对这些规则进行排序和选择，他们指责德性论在面对道德两难时无能为力。赫斯特豪斯认为，德性论不仅能够解释道德困境，而且能够更好地化解道德困境，在德性论者看来，人们之所以无法化解道德困境，是因为人们没有完全理解和掌握所需要的德性的复杂内涵。赫斯特豪斯指出，德性充分体现了亚里士多德的"实践智慧"，虽然实践智慧没有法律条文那么简单明确，但实践智慧根据具体情境来理解行为者的品质和行为本身，相对而言，它更为细致和合理。赫斯特豪斯还指出，德性让我们更多地关照到行为者，行为者在做一件好事之后，心里会有满足感、幸福感，而在作恶之后，内心会有良心的不安、悔恨、自责，德性让我们关注到这些道德"留存"的领域。"设想存在不可解决的两难困境且有人正面对着一个这样的两难困境。那么不管他们做什么，都会违反一个道德要求，而我们会期望他们用某种方式记住它——如感到痛苦，遗憾，懊悔或内疚，或者在某些情况下，认识到必须给予道歉，补救或赔偿"①。在赫斯特豪斯看来，在那些悲剧性的道德困境中，事后的感受是道德上的"补偿"（remainder），是否具有这些补偿对于判定行为的道德性来说是非常重要的，而这是功利主义和义务论没有关注到的领域。面对人们对德性的质疑，赫斯特豪斯首先从日常经验给出反驳。

赫斯特豪斯进一步指出，之所以人们会产生对德性的各种各样的误解，从伦理理论来说，那是因为传统的德性论过于简单和粗糙了，传统的德性论只是

---

① Rosalind Hursthouse, *On Virtue Ethics*, New York: Oxford University Press, 1999, P. 45.

借助善、德性等概念来说明它的内涵，排斥系统性的道德规则，这样会让伦理学家们误以为德性论是缺乏规则和正当性的。赫斯特豪斯致力于对传统德性伦理学的重新构建，希望将德性论变成一种真正意义上的规范伦理学。赫斯特豪斯认为，德性也是有"规则"的，我们可以借助功利主义和义务论的逻辑表述方式来说明德性在行为中的规则。功利主义的表述方式为：行为的正当性在于它带来了好的结果，最好的结果就是功利的最大化。义务论的表述方式为：行为的正当性在于它所遵循的规则，我们可以列举出这些道德规则。在赫斯特豪斯看来，德性论完全可以作出类似的表述：行为的正当性在于有德者按照其德性行动，我们可以列举出有德者应该具有的德性。不难看出，德性论可以独立说明道德行为的内在逻辑，而不需要依附于功利主义或者义务论，所以德性伦理学同样可以正确地评价行为和指导行为。在赫斯特豪斯看来，每一种德性都是一种规则，这些规则由道德楷模给我们做出了示范，在行为中是事先预设的。赫斯特豪斯强调德性如同一种规则，或者就是一种德性规则（简称v-规则），它独立于人的具体行为，同时，他也强调德性规则与义务论的规则是不同的，义务论规则是对生活的简单抽象化，而德性规则建立在鲜活的人类幸福生活之上。

赫斯特豪斯指出，一种较为深刻的批评会影响人们对德性的道德价值的认知。有人指出，人们对德性的认知是建立在一定的文化背景和文化环境之中的，所以不同人群的德性是有差异的，而且，在面对多种德性的时候，人们的主观选择也有可能是不一样的，情感、偏好等因素会干扰人的主观选择。德性论同样遭遇到同功利主义和义务论一样的对于"规则"的客观性的质疑。面对质疑，赫斯特豪斯提供了一种亚里士多德主义的解释方案。亚里士多德主义认为，德性是使得人们幸福的一种性格特征，这是一种目的论的解释方法，这里的"目的"并不是个人的主观目的，而是客观目的——事物本身的功能和目的，也就是说，通过目的论证明德性本身就是对人有益的。赫斯特豪斯借鉴了菲利帕·福特的自然主义的证明路线，也就是从人的生物机能的角度来论证人的行为是合目的的。人类是高等级的动物，所以我们可以从动物机能的四个方面来评价人的行为：身体的各部分、各部分的功能及反应、行为、情感欲望。人类相应的生活目标是个人的生存、种族的繁衍、趋乐避苦的能力、社群的良好运行。人类既与动物有相似性，又有超越于动物的地方，动物依靠本能来实现自身的机能和种族的繁衍，人的独特之处在于通过理性来确认事物的价值。在赫斯特豪斯看来，人类的理性具有合目的性，理性会帮助人类调试好身体的机能，控制好情感欲望，从而帮助人类实现良好的生活目标。从理性与德性的关系来看，理性是成就人的德性生活的，对于一个理性的人来说，按照其本性生活就是一种具有"正确"道德评价的生活，道德行为并不是人们的主观因素（欲望、偏好等）可以决定和左右的。在理性的调试下，人类的情感、偏好是倾向于德性的。对于具有德性的人来说，德性不仅能够感受到情感的冲动，而且能够因为正确的原因，在正确的地点针对正确的对象产生出相应的情感。所以德性是能够带来个人的善的，当然人们不能保证一个有德性的人所做的一切行为都有一个好的结果，好结果与很多因素有关，"天时""地利""人和"缺一不可，但是人们一定不会将一个人的坏运气归咎于人的德性，结果的好坏并不会动摇我们对德性的信念。在赫斯特豪斯看来，德性对个人的益处与对整个人类的繁荣和幸福是统一的，社会也是具有目的性的，只要每个人过上一种有德性的生活，那么社会就是和谐的，人类的四个生活目标就都能实现。这样，赫斯特豪斯就论证了德性的客观性。

赫斯特豪斯的伦理自然主义方法将德性论重新拉回到了客观目的论的道路上来。我们注意到，德性伦理学家米切尔·斯洛特同样强调"以行为者为中心"的德性论。但斯洛特认为，行为的道德性在于行为者在具体行为中的实际动机，如果实际动机是出于德性的目的，则行为就是道德的。人们会对斯洛特的德性论质疑，在实际的道德行为中，影响行为结果的因素除了德性之外，可能还存在其他因素，行为的善不一定就归为德性的功劳，而且，似乎实际动机的好坏只能从行为结果来判断，那么人们就不清楚到底应该是从结果还是从动机来判断行为的道德性。我们看到，虽然赫斯特豪斯也认为行为的道德性应该看行为的动机，但在他看来，对于理性人来说，德性具有一个本然的完美状态，行为的道德性不是取决于出于实际动机的德性，而是在于人的实际动机是否与事先设定的道德楷模的德性一致，如果一致，行为才是道德的。在对动机的讨论中，赫斯特豪斯避免了德性的个别性评价，也就避免了陷入斯洛特的理论困境之中。赫斯特豪斯的德性论将德性定义为人类获得幸福的一种规则，带有一定的目的论色彩，但它与克里斯婷·斯旺顿（Christine Swanton）的"德性目的中心论"还是有本质的不同。斯旺顿的"德性目的中心论"认为，行为的正确性在于德性的目的是否能够达到，这些目的包含了内在目的和外在目的两类。同时斯旺顿认为，德性的目的大部分是外在目的，但是如果将行为的道德评价诉诸外在目的，那么这实质上又与功利主义的后果论无异了。而赫斯特豪斯的德性目的论落脚于人类的幸福和繁荣的生活之上，并不是具象的，它对道德行为的解释不同于功利主义，从而能够较好地捍卫德性论的独立地位。

第四节 努斯鲍姆的德性论

玛莎·努斯鲍姆是美国当代最具影响力的哲学家和公共知识分子之一，曾担任多所著名大学的教授，著作等身，她的主要著作有《善的脆弱性》《爱的知识》《欲望的治疗》《思想的剧变》《逃避人性》等。努斯鲍姆对伦理学的主要贡献是从美学和文学艺术的崭新角度来思考伦理问题，填补了伦理学研究的一些空白领域，她对德性、道德运气、脆弱性、十种核心能力，以及诗性正义等方面的论述引起了学界广泛的兴趣和热烈的讨论。

努斯鲍姆对人的认识有独到的理解，她的伦理学是建立在她自己的认识论之上的。在认识论史上，一般认为，柏拉图将人的灵魂能力划分为理智、激情和欲望三部分，但柏拉图将道德生活的根本作用归于人的理性，在道德生活中，德性即知识，道德之恶在于缺乏理性知识。而努斯鲍姆通过分析柏拉图的后期著作《斐德罗篇》指出，柏拉图的后期观点已经包含了不同于前期的情感观，在《斐德罗篇》中，柏拉图认为，理性并不是完全自足的，情感和欲望在道德生活中是有一定的作用的。与柏拉图相比，亚里士多德更加肯定了情感的价值，虽然亚里士多德是一个理性论者，但在他看来，理性能够充分控制人的情感，节制的情感对于道德生活来说是良好的。中世纪的斯多葛派将激情或情感视为一种疾病，他们认为激情带给心灵的都是负面作用，他们强调理性对心灵的绝对控制，心灵的理想状态是宁静和平的不动情状态。柏拉图－亚里士多德学派和斯多葛学派表达了截然不同的情感观，努斯鲍姆在此基础上对情感进行了深入思考，努斯鲍姆认为，斯多葛派往往将情感的负面效应与它们所指向的外在善（名誉、金钱、权力等）联系起来。在他们看来，外在善是不可控的，所以激情也都是不可靠的。努斯鲍姆对斯多葛派的情感观进行了扬弃，她肯定了部分外在善的作用和意义，但她也同样肯定了在理性作用下情感的积极价值，具体来说，努斯鲍姆在《思想的剧变：情感的智性》《爱的知识》《愤怒和宽恕》等著作中通过对爱、愤怒、恐惧等情感的研究，表明情感具有认知功能和意向性。在她看来，在人的认识中，情感与理性并不是截然分开的，更不是对立的，而是带有智性的情感。"智性的情感"在道德抉择中扮演重要角色，智性的情感作用下的伦理抉择往往能够超越纯粹理性中的一些原则。不仅如此，智性的情感还能对道德抉择本身进行评价，这促进了对道德抉择本身的纠正。努斯鲍姆的智性情感论有力地回击了近代以来的那些理性主导论,它们认为情感不稳定,理性发挥对情感的检视作用,情感只有与理性相配合才能实现道德目标。努斯鲍姆提出了类似于中世纪托马斯·阿奎那的情感观,这为努斯鲍姆讨论"运气"(luck)、"脆弱性"(fragility)等理性作用以外的道德领域提供了认识论基础。

努斯鲍姆是当代德性伦理学复兴浪潮中的关键人物,在德性论上,努斯鲍姆是亚里士多德主义者,她深受亚里士多德德性论的影响,她把行为者的品格作为讨论道德的核心,她认为德性是实现最终幸福(或"好生活")的首要条件和最为基本的元素。努斯鲍姆对亚里士多德德性的客观性进行了论证。伦理学家们指责德性在理论上缺乏普遍性的基础,德性论最终会走向伦理相对主义。努斯鲍姆在《非相对性德性:一条亚里士多德主义的路径》一文中作出回应,通过对亚里士多德德性的研究,她认为,亚里士多德在具体德性的背景中内涵了普遍性的元素,这种背景就是人的理性本性,其中的普遍性元素就是人类普遍的生存经验,比如,趋乐避苦的能力、对死亡的畏惧,等等,这些元素使得德性概念具有了规范性功能,如果具有这种德性,行为就是正确的,如果不具有这个德性,行为就是不正确的。努斯鲍姆实质揭示了亚里士多德赋予的每一种德性的目的论内涵,这种内涵是带有评价性功能的,对于每一种德性来说,它的"中庸"状态就是道德评价的标准。努斯鲍姆认为,有的中庸状态是有名称的,有的是没有的。努斯鲍姆认为,奠基于基本人性的德性对所有的文化和种族都保持开放性。在德性伦理学中,努斯鲍姆不仅重视德性,也非常重视德性的实践,努斯鲍姆充分吸收了亚里士多德的实践理论,她认为,德性只有实践中才能表达自身和实现自身,如果不经过实践,德性将毫无意义。德性与人是统一的,德性的实践活动帮助人实现卓越,这充分体现了努斯鲍姆的德性伦理学是"以行为者为中心"。在努斯鲍姆看来,一个人要实现最终的幸福,仅仅拥有德性是远远不够的,因为在实践活动中,不同时间、不同情境中的许多相关因素会对道德行为产生影响,比如道德运气,等等。早在努斯鲍姆的老师威廉姆斯那里,就已经强调了道德运气的作用。威廉姆斯认为,道德行为无法摆脱运气这种偶然性因素的影响,以画家高更为例,威廉姆斯认为运气对他的成功产生了重要影响。威廉姆斯将运气分为内在运气和外在运气,内在运气是指人的天赋和才能,外在运气是指行为之外的偶然因素,威廉姆斯强调它们对于人类生活都是非常重要的。努斯鲍姆基本认同威廉姆斯对运气的定义,"由'运气'引发的事件只是指它不是主动促成的,不是人造或人为的,是碰巧发生的"[①]。在运气的基本认知之上,努斯鲍姆从古希腊悲剧文学寻找资源,通过对古希腊悲剧文学的再解读,将它们的伦理启示展示了出来。努斯鲍姆认为,悲剧让我们看到生活的复杂性和实践过程中可能遭遇的道德冲突和价值冲突,悲剧并没有告诉我们解决之道,而是让我们直面生活的多种可能性。通过这些道德困境的揭示,我们更加看到运气对道德行为的作用。运气揭示了人类生活的可能性,也揭示了人类能力的有限性,按照努斯鲍姆的话说,也就是在德性与我们追求的幸福之间的"脆弱性"。努斯鲍姆在《善的脆弱性:古希腊悲剧和哲学中的运气和伦理》中着重对脆弱性进行了分析,从哲学上来说,脆弱性意味着理性和一切技艺的效力的有限性。努斯鲍姆指出,伦理学是非科学的,柏拉图希望通过技艺训练来达到确定性,这在现实中是不可能实现的。正如亚里士多德所暗示的,人类的实践充满了变易和不确定性,悲剧是对人的行动的最好模仿。努斯鲍姆认为,正因为悲剧模仿人的行动,而不是模仿人的品质,说明产生悲剧命运的原因不在于人的品质,所以我们会对悲剧主人公的命运产生怜悯之情。努斯鲍姆通过古希腊悲剧和亚里士多德悲剧观相对照进行阐释,深刻地揭示了人类的道德运气以及所表现的人的脆弱性、有限性的一面。她认为,这些方面作为德性的补充也将对幸福生活起到辅助作用,讨论它们与德性的关系以及互补是努斯鲍姆对德性论的独特贡献。

通过讨论道德运气,努斯鲍姆也表明了外在善在道德生活中的作用,人毕竟是社会中的人,周围的人、环境、资源、传统都会影响人的道德行为,所以外在善也是很重要的,这就显出社会正义的重要性了。努斯鲍姆专门讨论了"正义"这种德性,努斯鲍姆不仅继承了亚里士多德的"正义"观念,而且创造性地提出了"诗性正义"(poetic justice)的主张。我们看到,诗性正义是建立在努斯鲍姆的情感认识论之上的,她在传统的正义之外增加了文学艺术之维。诗性正义有三个特征:"面向他人""充实人性"和"诗性裁判"。努斯鲍姆认为,在现代社会中,"诗性正义"使人类从"利益"的牢笼中走出来,促进了人与人之间的沟通和交流,诗性之维让人们超越了阶级、种族和时空,促进了所有人的和谐共处。从艺术审美来看,努斯鲍姆认为,诗性的想象力、充沛的情感可以打破物欲对人性的牵制、理性对人性的禁锢,摆脱"工具人"的现状。人性在文学艺术的滋养中更为丰富和自由,此时的人性具有敏锐的感知能力,能够感受到周遭世界的变化,能够敬畏生命和死亡。丰富的人性既能完

[①] 〔美〕玛莎·努斯鲍姆:《善的脆弱性:古希腊悲剧和哲学中的运气与伦理》,徐向东、陆萌译,南京:译林出版社,2007年,第4页。

整自身的生命,也具有社会意义,能帮助人成为一个合格公民,从而有助于实现社会的正义。努斯鲍姆认为,"诗人不仅提供抽象的形式考量,他还提供公正的裁判,适合于特殊案件的历史复杂性和人类复杂性的裁判"①。文学和伦理学之间具有严格的界限,诗性裁判是可能的吗?努斯鲍姆借鉴了亚当·斯密的"明智旁观者"(the ideal observer)的概念,她认为,"明智旁观者"可以作为"诗性"和"正义"之间的中介。努斯鲍姆看到了情感的不确定性,她认为,"明智旁观者"可以筛选掉那些不值得信赖的情感,所谓不值得信赖的情感,是指那些只关系他自身的情感和想法。"明智旁观者"不是"冷眼旁观者","明智旁观者"具有一种生动想象的力量,这种力量促使人思考应该成为什么样的人。在努斯鲍姆看来,与司法裁判相比,诗性的裁判显得更有爱和更加注重平等,这有利于裁决的公正,可以对司法裁判提供充分的辅助作用。

---

① 〔美〕玛莎·努斯鲍姆:《诗性正义:文学想象与公共生活》,丁晓东译,北京:北京大学出版社,2010年,第120页。

第四章 新契约论

功利论、义务论和德性论等规范伦理学围绕道德主体或个体行为来讨论道德问题，而契约论（contractualism）与之不同，契约论者认为，人并不是孤立的，道德的本质存在于人与人的相互关系之中，所以人与他人的关系以及道德群体的构建就是契约论的关注重点。在一个群体中，人与人之间是会产生价值冲突和道德冲突的，在规范伦理学看来，无论是道德规则还是德性动机都存在一个普遍化的问题，这决定了整个群体或者社会的道德生活能否最终实现，而在契约论者看来，群体道德的实现并不在于规则的普遍化，而是在于个体与个体之间形成默契或者约定。虽然契约论的落脚点完全不同，但契约论在探寻人与人的相处之道的时候也必然涉及人的本性问题，所以契约论对功利论、义务论乃至德性论所涉及的人性内容是有所借鉴的。

第一节 霍布斯的契约论及对当代新契约论的启示

契约论起源于近代思想家托马斯·霍布斯（Thomas Hobbes，1588—1679）。霍布斯将人类社会的自然状态作为讨论契约论的前提条件。霍布斯认为，在自然状态中，人类社会的生存条件是异常残酷的，每个人的唯一需求是保存自己的生命，这样使得每个人都表现出自己的狼性，每个人所拥有的唯一的权利是保存自己生命的自由权，在自然状态下，人们相互争夺生命权，从而伤害了彼此的自由权。霍布斯对于自然状态中的人性状况是悲观的，他认为，原始状态的人类都是自私自利的，要摆脱这种可悲的自然状态必须对人们的自由权加以限制。在霍布斯看来，理性就是对人们进行限制的一种工具，理性的作用在于为人类确定自然法则。在霍布斯的著作中，理性共确立了十一条法则，但最重要的是前面三条，他认为，第一条法则是："一个人只要有获得和平的希望时，就应当力求和平；在不能得到和平时，他就可以寻求并利用战争的一切有利条件和助力"①。第一条法则是针对个人的法则，要求人们追求和平并以自利的原则保护自己。第二条法则是："在别人也愿意这样做的条件下，当一个人为了和平与自卫的目的认为必要时，会自愿放弃这种对一切事物的权利；而在对他人的自由权方面满足于相当于自己让他人对自己所具有的自由权利。"②第二个法则是确立大家共同遵守的契约。霍布斯认为，为了尊重他人的生命权，应该让渡自己的一部分自由权利。第三条法则的主要内容是实践和履行契约。在霍布斯看来，前两条法则都是人类理性作用的结果，它是从个人到群体的自然推理过程，而前两条"理论理性"的规则需要第三条"实践理性"来提供保障。霍布斯认为，在自然状态中，人类是没有道德的，从第二条自然法则出现开始，人类具有了道德，这种道德是建立在互惠互利的原则基础上的。第三条法则强调对自然法则的履行。霍布斯并不认为人性本身具有这样的能力，他认为只有依靠外在的强力才能保障人们正常履行法则。霍布斯的契约论从人的自利本性出发来寻找构建契约的途径和方法，本身是具有一定的合理性的，但如果把自利的弱点当作人性唯一的特点，并且放大它对于人类社会发展的作用，则是存在一定问题的，比如，那些道德楷模订立契约并不是出于自利的目的。

　　霍布斯为契约论确定了基本的研究方向和研究内容。当代新契约论总体分为自利型的契约论和非自利型的契约论两种类型，虽然它们所要维护的中心和实现的道德目的各不相同，但它们都是在霍布斯所确立的基本视域中讨论普遍性的道德的，它们带有明显的霍布斯契约论的痕迹。第一，几乎每一种新的契约论的逻辑起点都是预设一种"自然状态"，在这种道德的开始状态中，人是绝对平等的，这是取得任何道德共识和达成契约的前提条件。第二，当代新契约论以人的自由为基本原则，任何契约的达成必须能够体现每个人的自由意志。同时，无论是自利型的契约论还是非自利型的契约论，从对人的认识来说，它们都是以理性为基础，理性人是新契约论的立论基础，我们并没有看到某个契约论走向情感主义或者认识的其他方面。尽管新契约论所面对的是纷繁复杂的当代社会，它们大量吸收了其他学科的研究成果，但是这三个基本方面是从霍布斯的契约论一直延续下来的。

---

① 〔英〕霍布斯：《利维坦》，黎思复、黎廷弼译，北京：商务印书馆，1985年，第97页。
② 〔英〕霍布斯：《利维坦》，黎思复、黎廷弼译，北京：商务印书馆，1985年，第98页。

第二节　高蒂尔的自利型契约论

大卫·高蒂尔（David. P. Gauthier，1932— ），加拿大裔美籍哲学家，加拿大皇家学会会员，曾任教于加拿大和美国多所大学，当代西方自利型契约论最为重要的代表，被誉为"当代的霍布斯"，主要著作有《道德交易》《实践推理》《协议道德》《利维坦的逻辑》《卢梭：情感的存在》等。高蒂尔的契约论充分借鉴和发扬了霍布斯契约论中的自利因素。他也认为，人类是从最开始的生存竞争的自然状态进入相互合作的社会状态的，人性都是自利的，为了进入合作状态，每个人都应该同意限制他自己的行为。与霍布斯有所不同的是，霍布斯通过建立规则并寄希望于外在权力的干预来履行理性的规则，而高蒂尔主张通过协议（即合作）的方式走出自然状态，协议基于人与人之间的自愿原则，人与人在平等的状态中达成理性抉择的一致，对于每个人来说，他们有合作与不合作的自由权利。高蒂尔契约论的独到之处还在于他借助概率论、博弈论等经济学理论对合作以及如何合作进行了论证和说明，他借助工具理性构造了一个自利契约论的完善体系。

在《协议道德》一书中，高蒂尔首先向人们展示了一种人类社会的道德困境——"囚徒困境"，通过"囚徒困境"，高蒂尔揭示了道德生活中人类理性选择的困境。"囚徒困境"是由阿尔伯特·塔克（Albert Tucker）提出的道德假设。它假设两个犯罪嫌疑人犯下了同样严重的罪行，但是检察官并没有找到足够的证据起诉他们的罪行，按照目前已有的证据只能判处他们很轻的罪行。检察官打算从嫌疑人入手寻找突破口，于是分别对他们进行谈话，并给予他们一个承诺，希望他们能够招供。检察官预设了三种可能性：如果双方同时招供，那么就按照实际罪行进行量刑。如果一方承认罪行，而另一方坚持不承认，那么将大幅减轻承认一方的处罚，而另一方将大幅增加处罚（比实际的罪刑更重）。如果两方均不承认罪行，将根据现有的证据进行量刑。检察官将这三种预设的可能性均告诉了两个囚徒，让他们自行选择。阿尔伯特·塔克认为，对于一个囚徒来说，在不知道对方意志的情况下，一个最理性的选择是不承认罪行，最后导致的结果是，两个嫌疑人都不会承认罪行。通过"囚徒困境"，高蒂尔意识到，追求最大化效用的理性选择并不是实际情况中对行为者来说的最佳选择，在不知道对方情况的前提下，行为者只能选择对自己第二好的选项，理性选择并没有达到理想的道德状态。高蒂尔由此看到，现代社会中的人与原始状态中的人是不一样的，他们的道德选择受到个人主观因素以及周边环境因素、他人因素等多重因素的影响。由此，高蒂尔指出，应当对人的最大化效用的自利理性进行限制，才能达成最佳的道德结果。高蒂尔提出"有限制的最大化者"（constrained maximizer）的概念，他把那些在道德生活中能够考虑到与他相互作用的同伴利益的最大化理性者叫作"有限制的最大化者"，如果将人分为追求最大化效用的人和"有限制的最大化者"两个类型，那么显然"有限制的最大化者"越多，社会越理想，道德状况越良好。进一步来说，高蒂尔认为，"有限制的最大化者"与"有限制的最大化者"之间缔结协议，这样的协议才是可能的，也是最合理的，一个追求最大化效用的人总是以自利为目标，除非他处在孤立的环境中，否则在信息通畅的社会环境中，同样追求最大化效用的人或者"有限制的最大化者"就会知道他的企图，那么合作将是不可能的或者不能持续下去的。

高蒂尔进一步全面地反思了人类的理性，并逐渐形成了自己的理性概念。在高蒂尔看来，理性的内涵是随着社会的发展而不断变化的，从理性的历史来看，理性的活动并不一定与最大化效用的活动相一致，在现代社会中，道德生活所需要的理性已经不再是康德意义上的"实践理性"，而是出于实际情况的"充分考虑"。高蒂尔指出，在现代社会，道德生活的实际情况是异常复杂的，行为者所处的环境、行为者的偏好都会影响到行为者的判断，从而影响行为的结果，所以需要对行为者的动机、限制条件以及行为选择的结果进行精确评估和计算，才能得出合理的选择策略，现代社会需要理性具有更丰富的内涵，高蒂尔大量引入经济学的概念和方法，"策略""概率"等经济学或统计学范畴都被高蒂尔植入理性选择的理论之中。高蒂尔认为，"个人策略"（individual strategy）是对个人的单个行为进行选择，而"联合策略"（joint strategy）是对所有人的所有可能的结果进行选择，在达成道德目的的过程中，我们更需要"联合策略"。需要指出的是，高蒂尔的理性概念仍然带有目的论的性质，行为的效用（收益）是理性最重要的考虑因素。

"囚徒困境"揭示了道德困境，它也揭示了走向合作的可能性。高蒂尔认为，对于人们的道德生活来说，显然合作比不合作更好，人类社会的发展就是一个从非合作到合作的过程。在一个绝大多数都是追求最大化效益的人的社会里，显然没有合作的基础，高蒂尔认为，这就是愚人的社会，此时的社会无道德可言。在一个现代社会中，合作比不合作能够带来更好的结果，周围公正、理性的人越多，形成的社会氛围越好，行为者的行为就越公正、理性，如果一个社会大多数人都能够相互合作，那么这个社会就是可持续的良性发展的社会。高蒂尔呈现了一个理想形态的现代社会，同时他也指出了现实社会可能遇到的困难，在现代经济社会，人们在与同伴的合作中会非常计较成本和收益，人们最终在讨价还价中达成合作，在利益的驱使下，合作对于人们来说可能成为次要的相处模式。高蒂尔认为，在现代社会中，合作完全不受市场影响的理想状态是不存在的。

现代社会存在种种弊端，在契约论者高蒂尔看来，制定规则和协议是确保人们能够进行协同性的道德生活的首要任务，而且，这些规则必须以公平公正为原则。那么应该制定哪些规则呢？高蒂尔认为，合作要想取得成功，首要的任务是制定一个关于合作成果的公平分配原则。对于如何将合作所能获得的权力、荣誉等可获得的东西和义务、惩罚等不可获得的东西公平分配，高蒂尔认为，合作者应该首先学会"让步"（concession），让步的具体意思是指合作者提出的对收益的要求应该小于他们权利所赋予的应有的收益水平。高蒂尔还引入了让步的"绝对幅度"（the absolute magnitude）和"相对幅度"（the relative magnitude）的概念，让步的绝对幅度是指权利要求的收益与让步后的收益之间的差额，相对幅度是指让步的绝对幅度与一个人的权利所要求的收益与在"初始谈判地位"上的收益的差额的比例，让步的绝对幅度是分子，一个人的权利所要求的收益与在"初始谈判地位"上的收益的差额是分母。在高蒂尔看来，"初始谈判地位"（initial bargaining position）是对人们在合作中的处境的最低要求——不低于孤立的非社会条件下的处境。高蒂尔将合作者的让步原则叫作"最小最大相对让步原则"（minimax relative concession），这个原则的具体内容是：在多人进行的讨价还价中，如果要选择某个合作，那么在所有可能的合作中，这个合作所要求的最大相对让步一定是最小的。高蒂尔后来试图用"纳什均衡"来替代"最小最大相对让步原则"，"纳什均衡"确立了一个非合作状态下的纳什均衡点：每一个合作者在别人不改变策略的情况下，他也不会单独改变策略。其实"最小最大相对让步原则"和"纳什均衡"的立足点是不同的，"最小最大相对让步原则"设立了一个合作的起点，"纳什均衡"设立了一个不合作的临界点，它们都从人性的角度提出了理性人合作的基本限度。我们认为，高蒂尔转向"纳什均衡"是基于对人性自利的悲观认识。后期的高蒂尔更倾向于用理性人的自觉遵守来替代人为设立一个限度，自觉遵守是将关注的重点转换到收益的按比例分配之上，而不是最开始的合作。也就是说，理性人将自觉倾向于合作，他们不需要讨价还价，而我们只需要将充分的考虑放在最终的结果计算上。高蒂尔认为，合作的结果最终是按比例分配的，它所依据的原则是"最大最小按比例分配增益原则"(the principle of maximin proportionate gain)。所谓"最大最小按比例分配增益原则",就是比较所有合作结果的增益限度,选择一个对行为者来说具有最大收益的结果,高蒂尔希望通过为行为者增加增益的方式来增进合作的可能性。除了保证合作者之间的公平分配之外,高蒂尔认为,还需要排除掉那些利用合作获取不正当利益的外来者,以确保合作者的正当利益,在高蒂尔看来,这就是要保证合作者的收益和他们对合作的贡献成正比。高蒂尔强调,在合作中,公正与理性是最基本的,他由此又提出合理分配合作盈余的原则——"最大最小相对收益原则"(principle of maximin relative benefit)。在高蒂尔看来,行为者所获得的相对收益必须介于初始谈判地位的相对收益和权利预期的相对收益之间。

除制定一些内在的规则对行为者进行约束以外,高蒂尔认为,还可以通过对行为者外在环境的干预来促进人们之间的合作,尽可能地将影响行为者的一些外在因素排除。外在环境的约束也是协议道德的一部分,高蒂尔称之为"限制性条款"(the proviso)。限制性条款具体是指:"在与他人的交往过程中,禁止通过恶化他人的处境来改善自己的处境。任何人的初始谈判地位都不应该比他在没有互动的非社会背景下更糟糕。"① 限制性条款要求维护合作的良好环境,这是保障协议或合作的基础性条件。只要没有恶化的环境,个人才可以追求自身的最大化利益,这在合作中才是合理的。外在环境的背景仍然是自利的背景,高蒂尔将所维护的环境的底线设定为自然状态下的自由条件。高蒂尔认为,良好环境达到的结果是每个人都具有初始谈判地位,初始谈判地位应该成为人们谈判所具有的禀赋,也就是说,成为人们开展合作的先天条件。高蒂尔强调环境的重要性,并希望通过一致同意的协议来规范这个环境,但高蒂尔并不认为这种规范应该是强制的。高蒂尔指出,人们制定协议并履行协议应该是出于自愿的理性行为,任何威胁和外在的强迫都是不道德的,威胁或强迫并不能达到规范的预期目的。在高蒂尔那里,环境的形成主要还是依靠人类理性选择形成的时代氛围,而不是靠规则支撑起来的。这些道德氛围会对人性进行约束,使得道德与利益之间的冲突得到缓和。

高蒂尔认为,理性选择应该与道德原则相配合,才能产生出最优的道德结果。为了进一步阐释理性在合作中的作用,高蒂尔认为,在合作中,理性行为者必须是"理性合作者"(rational cooperator),"理性合作者"的内涵进一步明确了理性在合作中应有的作用。"理性合作者"将对合作的情况具有预估的

---

① David Gauthier, *Morals by Agreement*, New York: Oxford University Press, 1986, p. 16.

能力，预估的内容包括同伴参与到合作事宜的可能性、合作的深度以及自己参与合作的收益情况，等等。"理性合作者"的理性还能够比较合作的预期效果和非合作的预期效果，也就是对合作进行整体的反思，这将促使合作产生出最好的结果。只有"理性合作者"出于充分的理性考虑，让渡自己的一部分利益，这样才能将合作有序地、稳定地进行下去。高蒂尔并不排除不合作的情况，他认为，在某种特殊情况下，如果理性人认为合作并不会给他带来预期的收益或者合作受到了干扰，比如在某些特殊的情境之下或者出于合作者的背叛，那么他完全可以拒绝合作或者中断合作，人应该根据实际情况作出理性选择。

在高蒂尔预设的合作的理想状态中，群体的信息是完全通畅的，每个人都知道与他合作的同伴的意图和想法，这样他可以充分利用他的"联合策略"进行选择。但高蒂尔也知道，在现实情境中，这样的信息状态是不可能的，于是高蒂尔提出"半透明的情境"的假设，对他的合作理论进行进一步的论证。所谓"半透明的情境"就是说现实中的人处在透明与不透明之间的信息状态，高蒂尔通过计算"有限制的最大化者"相互识别的概率证明，即使一个人处于半透明状态中，根据已有信息判断出合作者的意图也是存有很高的概率的，"有限制的最大化者"能够识别出他的同类或者被其他的非同类所识别，所以他可以将那些不具有合作可能的人排除出去。

综上，我们看到，高蒂尔将契约论与理性选择论、博弈论、概率论等理论深度融合起来，对在自利前提下的人们的合作的可能性以及如何走向合作进行了充分说明和论证。高蒂尔吸收了功利论最大化效益的基本思想，从扩大个人利益的角度来加强人们之间的合作，这使得他的契约论对于普通人来说具有吸引力和说服力，高蒂尔的契约论是非常精致的，赢得了学术界的充分肯定。

第三节 罗尔斯的社会契约论

约翰·博德利·罗尔斯（John Bordley Rawls，1921—2002），美国当代著名哲学家和伦理学家，先后在普林斯顿大学、康奈尔大学、哈佛大学任教授，主要著作有《正义论》《道德哲学讲演录》《作为公平的正义：正义新论》《政治自由主义》等。20世纪80年代以后，他的伦理理论在世界范围内都具有广泛影响。从思想源流来看，罗尔斯的契约论延续了霍布斯、洛克、卢梭等人的社会契约思想，即致力于构建一个平等自由的社会制度。罗尔斯的契约论的核心思想是主张用正义原则作为道德社会构建的基础。与康德一样，罗尔斯强调"正当"（公正）在道德范畴中的优先性，"正义"是罗尔斯的契约论的首要概念和核心概念，他人之善和公共善是他的契约论的价值目标，所以罗尔斯的契约论是一种典型的利他型的契约论。与德性论和义务论不同，罗尔斯是从契约的角度来谈正义的。在罗尔斯那里，正义具有丰富的内涵，正义首先反映了一种人性，这意味着必须探讨个人持守正义的一些原则，正义也可以是指社会群体的正义，这意味着必须探讨构建社会正义的原则，正义还包括正义的环境，这意味着必须设定正义的背景，这三个层面在罗尔斯的契约论中一一呈现，而罗尔斯又把这三个层面集中到对正义起源问题的探讨之中。

　　与霍布斯一样，罗尔斯也设定了一个人类发展的最初的自然状态，罗尔斯称之为"原初状态"。罗尔斯并不关注原初状态下人们可能表现出的自利倾向，在罗尔斯看来，这种自利倾向是人性最低等的层面，对于构建社会的公平正义（公共善）来说是应该予以排除的。罗尔斯要关注的是人性的高点，也就是在原初状态下人与人之间的自由平等。罗尔斯认为，原初状态下人们的最大特征就是拥有自由平等的个人地位，人们并不将利益作为行为的终极目的，而是优先保障他们自己的自由平等权利，自由平等是他们走向合作的基础。"无知之幕"（the veil of ignorance）是罗尔斯对于原初状态最重要的一个设定。所谓"无知之幕"，也就是一种屏蔽无关因素的设计，在无知之幕背后，人们既不知道与自身相关的内在知识信息，如个人的身份地位、天赋才能、智力心理状态等，也不知道与身处的环境相关的外在知识信息，如社会的历史文化传统、文明水平、经济政治状况等。罗尔斯希望借用"无知之幕"消除人与人之间的一切差异。罗尔斯认为，在无知之幕下，没有种族、性别、阶级、知识等偶然性因素的干扰，人与人之间才是绝对平等的，这样才有利于人类的正义事业。在设定无知之幕的同时，罗尔斯同时设定了"基本善"（primary goods）的概念。对于人们来说，基本善是一些基本的利好，比如权力、机会、财富、自尊的基础，等等，这些利好是人们采取行动的驱动力量。罗尔斯认为，基本善不仅是现实社会的人的基本追求，也是原初状态的人的基本追求，在无知之幕下，人们仍然因对基本善的偏好而表现出个体的独特性。

　　原初状态是罗尔斯设定的人类的理想状态，现实社会中的人虽然并不处在原初状态中，但可以将自己设想在原初状态之中，接受它的制约和限制。罗尔斯指出，现实社会中的人总是充满差异性和偏见，这离原初状态很远，所以他们是无法直接达成合约的，现实社会中的人通过选出他们的"代表"来达成合作或者订立契约，这些"代表"体现出原初状态下的人应该有的样子。对于人性，罗尔斯的设定是康德意义上的理性人，无论是现实社会有差异性的普通人还是他们所选出的代表，都有一些共同的人性特征。比如，他们是独立的、冷静的，他们专心致志于自己一方的利益。罗尔斯用两种道德能力来进一步界定他们的人性，第一种是对于善的观念的能力，这基于人的逻辑理性，具有这种能力的人善于制定自己的规划，理性地追求自己的合理利益，罗尔斯认为现实社会的民众都应该具有这种能力，这是最基本的要求。第二种是对于正义感的能力，这是专指那些民众的代表，他们具有公平正义的观念，能够践行那些促进社会正义的合作条款，这是对于人性的更高要求。如果将人所追求的正当的善分为两种，一种是基本善，一种是公共善，那么每个人既有对基本善的倾向，也有对社会正义等公共善的倾向，在罗尔斯看来，民众和他们的代表对善的倾向是不一样的。罗尔斯认为，这种差异性来源于人的"理性自律"的区别。罗尔斯将"理性自律"分为"充分自律"和"合理自律"。他认为，普通民众所具有的是充分自律，而他们的代表则是合理自律。充分自律保障了普通民众超越他们的差异性和屏蔽一些偶然性因素，从而追求正当的基本善，而合理自律是比充分自律更为本质的要求，合理自律代表了民众的代表对于原初状态乃至原初状态的自我的更深层次的理解，从而将排除无知之幕以外的道德观，此时公民的代表将排除那些低级欲望的冲动，维持基本善与公共善之间的平衡。

在罗尔斯看来，一方面，现代人的道德生活依靠理性自律来进行内在约束；另一方面，现代人还需要法则进行外在约束。罗尔斯认为，现实中的人们应该以"最大化最小原则"（the maximin criterion）进行理性选择。所谓"最大化最小原则"，也就是尽可能给予最不利地位的人以最大的利益，使得它们的地位获得极大地改善。罗尔斯认为，根据"最大化最小原则"，行为者需要具备三个基本特点：第一个特点是行为者选择的不确定性，行为者不确定各种情况的可能性的大小，这也就是处于无知之幕的情况。第二个特点是行为者满足于选择那些较低的收益，不会去做无谓的冒险。第三个特点是行为者会拒斥那些没有选择的对象，认为它们具有不可接受的最坏结果。"最大化最小原则"并不是从个人的私利出发，也不是从契约双方的互利出发，而是希望用一种中立的立场保证那些弱势群体的利益，从而保证社会的公平正义。

在无知之幕的设定下，罗尔斯基于"最大化最小原则"进一步得出关于社会正义的两个最重要的原则——"平等自由原则"和"机会的公平平等与差异原则"。第一个原则的内容是："每一个人对于一种平等的基本自由之完全适应体制都拥有相同的不可剥夺的权利,而这种体制与适于所有人的同样自由体制是相容的。"① 第一个原则要保障公民的基本的自由权,也就是保障公民政治方面的基本善。第二个原则的内容是:"社会和经济的不平等应该满足两个条件:第一,它们所从属的公职和职位应该在公平的机会平等条件下对所有人开放;第二,它们应该有利于社会最不利成员的最大利益(差别原则)。"② 第二个原则关系到财富和收入分配的公平,它是关于社会和经济方面的基本善,分配公平遵循"最大化最小原则",但罗尔斯也考虑到在财富分配方面无法做到绝对的公平,所以他强调机会均等,应该给予行为者公平的机会。在罗尔斯看来,第一个原则和第二个原则是按照固定的逻辑顺序排列的,罗尔斯称之为"词典式"的排序,这是不能倒置的。换句话说,在罗尔斯看来,第一个原则优先于第二个原则,政治上的自由权对于社会和经济的自由具有奠基性的作用,所以在实际情形中,当第一个原则中追求的自由与第二个原则中追求的利益公平发生冲突时,人们应该优先保障政治自由。同时,罗尔斯也强调,两个正义原则在发挥其构建社会制度的基础作用的时候是同样重要的。

我们看到罗尔斯从设定原初状态到得出两个正义原则的过程。罗尔斯批评伦理学中的利己主义原则本质上是与正义观完全背离的,同时他也指出,功利主义原则不重视个体间的差异,没有提供一个公平分配的原则。罗尔斯还认为,直觉主义方法并不能获得可靠的正义原则,罗尔斯诉诸一种形式主义原则,形成了一种程序正义的契约论。罗尔斯说,他将传统的契约论上升到了一个更高的抽象水平,他的契约论在性质上是高度康德式的,罗尔斯契约论的这一特征遭到多方面的误解、质疑和批评。亚历山大(Alexander)认为,罗尔斯的契约论存在一种内在的矛盾:既然原初状态的设定及其约束依靠人的理性自觉,那么似乎也可以通过理性直接得出正义原则,所以说缔结契约似乎是没有必要的。罗尔斯认为,这种理解完全是对他的契约论的误解。他公开回应道,在他的契约论中,理性固然重要,但是有一定限度的,个人的理性决定与群体达成的抉择是不一样的,个人的理性并不能达成群体的公共性原则。罗尔斯用"承诺的约束力"(strains of commitment)这一概念来说明缔结契约的重要性。他认为,契约具有一种承诺的约束力,也就是说,对于约定的各方具有永久性的作用,这种作用将持续他们的一生乃至他们的子孙后代。罗尔斯意

---

① 〔美〕约翰·罗尔斯:《作为公平的正义——正义新论》,姚大志译,上海:上海三联书店,2002年,第43页。

② 〔美〕约翰·罗尔斯:《作为公平的正义——正义新论》,姚大志译,上海:上海三联书店,2002年,第43页。

在说明，正义的原则并不能单靠人的理性得出，而是需要一种契约精神。我们看到，这种对罗尔斯的批评完全把罗尔斯的正义论理解成了康德式的义务论，这种理解是不正确的。在罗尔斯那里，虽然原初状态具有哲学式的本质意味，但绝不能将它等同于康德的"绝对命令"，它仅仅是作为一个悬设的背景存在的，罗尔斯重视人的经验世界，他的契约论是围绕人与人的合作关系展开的。迈克尔·桑德尔（Michael J. Sandel）认为罗尔斯的原初状态仅仅是一种假设，它并不是一种真实的历史存在，所以依据它做出的契约并不是合理的，也不具有道德力量。桑德尔还批判了罗尔斯为正义设立的环境条件。罗尔斯将正义的环境分为客观环境和主观环境，客观环境是指因为地域限制导致的人们的精神和身体条件的相似性，以及经常存在的中等程度的客观条件（如经济条件），主观环境是指人们的理性自觉和比较一致的精神需求。桑德尔认为，客观环境和主观环境都是罗尔斯通过经验主义的方法得出的，他并没有用义务论的本质还原的方法来说明它们的正当性，所以这些环境并不适用于所有社会，而正义的首要性却是从义务论的方法得出的，所以正义的首要性与正义的环境之间是不相容的。我们认为，桑德尔显然误解了罗尔斯对原初状态的设定，原初状态只是一个理论预设，按照罗尔斯的话说，原初状态只是一个思想实验，它为人们排除现实的偶然性提供了一种参考，而正义原则必须从现实真实情境中通过契约的方式得出来。

第四节　斯坎伦的道德契约论

托马斯·斯坎伦（Thomas Scanlon，1940—　），学界公认的罗尔斯之后西方最重要的契约论者，先后担任普林斯顿大学、哈佛大学哲学系教授，他的主要著作有《契约主义与功利主义》《宽容之难》《我们彼此负有什么义务》《我们彼此亏欠什么》等。斯坎伦是罗尔斯的学生，他继承了罗尔斯非自利契约论的理论品质，但他放弃了罗尔斯对于"原初状态"的设定，他也并不是从社会制度的构建层面来讨论契约的，斯坎伦深入道德的微观领域——人与人之间的责任和义务关系来讨论合作达成的可能和方法，这填补了契约论的研究空白。斯坎伦致力于探讨道德生活中的责任和义务，这很容易让人联想到康德的义务论，但他并不是从义务论的角度来谈责任和义务的，康德的义务论将行为者的责任归因于人的主观动机（也就是自由意志），并且将理性的形式法则作为主观动机的保证，斯坎伦则拒斥这种形式主义法则，他认为，责任和义务只有在具体的道德事件和道德行为中才能得到准确的考量，斯坎伦将关注重点转换到道德实践的实质性领域。虽然围绕具体的道德事件和行为，但斯坎伦并没有转向行为论或者德性论，他坚信人并不是孤立存在的，人与人之间是相互关联、相互发生影响的；斯坎伦继承了社群主义的观点，致力于构建一个团结、统一、和谐的道德共同体。道德行为必然涉及人的认识过程，理性、意志、情感是认识论讨论的核心内容，斯坎伦通过对"理由""动机"等概念的重新阐释，为他的契约论寻找到了逻辑的起点。

在斯坎伦的契约论中，有两个核心概念贯穿其中，第一个核心概念是"理由"（reason）。"理由"是斯坎伦确认的契约论的逻辑起点，那什么是"理由"呢？斯坎伦在《我们彼此负有什么义务》一书中说道："解释什么是某事的理由的任何尝试都会回到同一个观念：一种认为有利于某事的考虑。"[①] 斯坎伦认为，我们做任何事都要追问做事的原因，这个原因就是理由。之所以认为在具体事情中理由是首要的，这是基于理性人（斯坎伦称为理性造物）的设计。斯坎伦继承了康德的理性主义传统，他认为，理性造物就是一种具有理性的生物，斯坎伦的"理性"概念不同于罗尔斯等契约论者的"理性"，它并不是指那种合目的性的纯粹理性，而是一种指向具体实事的实践理性，它是指对行为的认知、评估和决策能力。在斯坎伦看来，理由是一种"考虑"，它是对"有利于"某事的考虑，当然对于每一件具体的事情来说，"有利"所指的具体内容是不同的，斯坎伦意不在此，他所要表明的是"理由"对于事件本身的"标准规范意义"（in the standard normative sense），而不是经验层面的意义，做一件事被认为是有理由的，也就是具有"合理性"（rationality）的。斯坎伦认为，一个人做某事的时候，他在产生充足理由的同时也产生"敏于判断的态度"（judgement-sensitive attitudes），"敏于判断的态度"包括恐惧、愤怒、信念、希望、意图等，这些情感态度并不是基于一种欲望，而是基于一种理性的判断，这是一系列的评价性的态度。在一个道德事件中，人们凭借已有的道德观念（或者某种信念）对行为的目的和对象产生敏于判断的态度，这种态度中蕴藏的理性会对态度本身进行反思，在反思中人们得出充分理由并保持这种态度，然后促使行为者产生相应的行为动机，行为动机再推动行为的发生。"敏于判断的态度"是斯坎伦的"理由"概念衍生出来的一个重要概念，斯坎

---

① 〔美〕托马斯·斯坎伦：《我们彼此负有什么义务》，陈代东、杨伟清、杨选等译，北京：人民出版社，2008年，第3页。

伦通过它还原了道德行为的内在发生过程,它表明了理由是在具体事件中寻求一种合理性,从而表明了理由所具有的可规范性,同时还表明了理由的可普遍化,经过情感态度所确认的理由是可以广泛地应用于同类行为之中的。

在斯坎伦看来,现实生活中的人总是处在一个个关系之中,所以"理由"的合理性还指向了另一个问题——一个行为被认为是有理由的或者道德上正当的,一定不会损害关系中的相关者的利益。由此,斯坎伦基于"理由"概念提出了著名的"无可拒绝性理由"原则,"如果一个行为会被没有人能有理由拒绝的任何原则拒绝的话,该行为就是不正当的"[①]。简言之,所谓"无可拒绝性理由"原则,就是说在一个道德行为中,如果处在关系中的人无法提出拒绝行为的理由,那么这个行为就被认为是道德的或者正当的。在契约论的历史中,斯坎伦首次从否定的意义上提出了道德的原则,这是具有开创意义的。斯坎伦认为,那些"无可拒绝性理由"包括以下五个方面:保护个人隐私,保护个人生命不受伤害或者不因他人行为死于非命,追求幸福,保护人们不受流言蜚语的伤害,出于援助原则的帮助。斯坎伦列出了五种基本的人类无法拒绝的理由。他认为,这些理由是我们的人性中相互亏欠的东西,遵守它们是我们的责任和义务,这些原则并不容易做到,比如,出于援助的帮助要求人们牺牲个人的部分利益来成全更大的利益,这一点就难以做到,所以在斯坎伦看来,大多数人实际上是缺乏道德的。有学者指出,斯坎伦列出五种不能拒绝的理由,他实质上是从最低限度对人的道德提出要求,而不是从人性的高点来要求于人,这种观点是有道理的。五种不能拒绝的理由隐藏着一个基本事实,那就是人性是自利的,在斯坎伦看来,只要人们的行为达到那些最低标准,就算作是道德的。

斯坎伦契约论的第二个核心概念是"动机"(motivation)。斯坎伦首先批判了那种将欲望(desire)作为我们道德行为的动机来源的休谟式观点,斯坎伦延续了托马斯·内格尔(Thomas Nagel)对动机的分类,在他看来,如果说动机分为"已激发的欲望"和"未激发的欲望",那么"已激发的欲望"一定是被激发的,它不是终极性的原因,而"未激发的欲望"并不具有道德评价功能。斯坎伦同时还指出,欲望也不能给予行动正当性,于是他得出结论,欲望并不能给予动机任何东西。通过道德行为的内在过程,我们看到,斯坎伦对"动机"的认识是与他的"理由"的认识紧密相连的,在斯坎伦看来,动机

[①] 〔美〕托马斯·斯坎伦:《我们彼此负有什么义务》,陈代东、杨伟清、杨选等译,北京:人民出版社,2008年,第22页。

与理由具有相似性,它们都内涵了对于道德行为的原因的某种认识,但它们又是不同的,理由是不能再被追问的源初概念,理由是动机的根源,动机是由理由触发的,它与具体行为直接相关。斯坎伦认为,人们对道德动机的疑问可以分为两个方面:一方面我们会问,我们为什么要有道德?另一方面我们会问,道德的理由为什么优先于其他的理由?对于第一个问题,也就是道德的重要性问题,斯坎伦是从非道德主义者的动机的角度来进行论证的。斯坎伦认为,非道德主义者能够理解何为道德,但他们并不认为道德实践是必要的。斯坎伦认为,在现实社会中,人与人之间是相互关联的,这凸显了道德的重要性,在某一个群体中,一个道德冷漠的人与周边的人具有巨大的差异,这种差异最终体现在他的态度(情绪)之上,这是造成现实不和谐的主要原因,所以在斯坎伦看来,道德冷漠是完全错误的。那么在人的生命中,道德价值为什么优先于其他价值呢?斯坎伦以"友谊"为例来解释这个问题。友谊既给我们带来朋友的帮助(利益),也要求我们对朋友有所回馈,真正的友谊不是偶然性的感情,友谊的各方是平等的独立人格,友谊是建立在道德价值之上的。斯坎伦认为,在友谊中,道德价值一定为其他价值留下了空间,但他同时强调,当道德价值与其他价值发生冲突的时候,道德价值是优先的。友谊的关系必须建立在公正之上,如果因为维护与朋友的友谊而伤害了其他人的利益,那么这样的行为就是不正当的。通过"友谊"的例子,斯坎伦从动机的角度说明了道德价值的优先性。

在论述了道德的重要性和优先性之后,斯坎伦开始论述关于道德动机的基本理论。斯坎伦首先指出道德动机的理论经常会陷入"普理查德的两难困境"(Prichard's dilemmma),"普理查德的两难困境"的具体内容是:如果从行为本身自明的不正当性去考虑不做的动机,那么实质上等于没有解释。如果从行为之外的约束条件(比如惩罚)去考虑不做的动机,那么对于有道德的人来说是不充分的说明。斯坎伦将学界关于道德动机的理论分为"形式化说明"和"实质性说明"两种类型。"形式化说明"以康德的动机论为典型代表,它并不关心具体行为的目的及其附带的价值,而是诉诸行为是否服从于"绝对命令"。"实质性说明"则以具体行为的目的或者所反映的价值形态为对象,它并不关心道德行为以外的形式规则。斯坎伦指出,虽然形式化说明能够为行为找到合理性的依据,它很好地解决了道德价值的普遍化问题,但是它并不能充分解释道德行为的过错(恶),在形式化的说明中,我们只知道行为者是有过错的,而不知道这些过错具体是什么。斯坎伦认为,相对而言,实质性的说明是更优的动机论的方案,"实质性说明"具体问题具体分析,对于道德行为具有直接性和针对性。斯坎伦认为他的动机理论就是一种实质性说明：在一个共同体内，一个人从事一项具体行为无非有两个方面的动机特点：一方面是自己可获得一定的利益，也就是自利的动机，这是自利型的契约论讨论得比较多的，另一方面是大家共同遵守一些规则，斯坎伦看到那种非自利的动机——行为者在一个共同体内具有遵从普遍规则的动机，进一步来说，在斯坎伦看来，遵守的规则就是"无可拒绝性理由"原则。斯坎伦认为，作为一个理性的行为者，对于规则的遵从是自觉的、自发的，带有一种必然性。斯坎伦通过他独特的理性原则说明了事实上的不正当行为与它的理由之间的紧密关系，成功地避免了"普里查德的两难困境"。对此有些学者提出批评，他们认为，对规则的行为动机显示了斯坎伦的动机论仍然是一种形式化的说明。但通过对斯坎伦动机论的结构的分析，我们看到，这样的批评是不确切的。斯坎伦是在具体行为的情境中来说规则的应用的，而且，"无可拒绝性理由"原则是一个总的原则，其内含的规则是灵活多样的，它的使用将根据具体的情境作出调整，这与康德的"绝对命令"具有本质上的区别。

通过深入"理由""动机"等微观的道德概念，斯坎伦为它的契约论奠定了坚实的认识论基础，由此，斯坎伦提出了他的道德契约论：契约是在信息通畅的前提下，在同一个共同体内人与人之间基于不能合理拒绝的原则而自愿达成的协议。斯坎伦的道德契约论具有多重优点，受到了伦理学界大多数学者的高度赞誉。首先，斯坎伦对契约的定义包含了对个体生命的尊重，在契约中，人与人是完全平等的，每个人都有合理拒绝契约的自由。斯坎伦的契约论并没有像有些契约论那样主张为了集体利益而牺牲个人利益，也没有像有些契约论以人的个人利益为中心，而是在兼顾个人利益的前提下谋求他人的利益，既尊重了人的本性，又维护了社会的道德走向。其次，斯坎伦的契约论专注于解释个体行为和具体事件，以最低限度的道德标准来要求契约中的每一个人，这实际上说明了每个人最基本的不能推卸的责任和义务。最后，斯坎伦的契约论要求最低限度的道德标准，在此之上的人们的价值取向都是被认可的，这为人类社会价值的多元化留下了充分的可能。斯坎伦的道德契约论也遭到了部分学者的批评，值得注意的是一种代表性的批评意见。菲利普·佩蒂特（Philip Pettit）等学者认为，在契约论中，"无可拒绝性理由"原则是多余的，我们完全可以从正面的道德理由或动机来论述行为的不正当，这种批评意见统称为"多余性反对"（the redundancy objection），它实质上质疑了斯坎伦道德契约论的整体意义，但如果我们从个体价值以及在可拒绝性理由中反映的主体之间相涉的价值来看待斯坎伦的契约论，那么"多余性反对"就是站不住脚的。

第五章　生命伦理学

生命伦理学（bioethics），也称生物伦理学、医学伦理学，它是一门新兴学科，是当今世界发展最为迅速、最具生命力的学科之一。生命伦理学诞生于20世纪60年代的美国，它不可避免地打上了20世纪后半叶西方文化价值的烙印，它承诺的是以个人权利为基础的平等主义的政策。生命伦理学之所以诞生于20世纪60年代，是与第二次世界大战末期的三件重大事件相关的。第一件是广岛的原子弹爆炸，它给当地居民造成了持续的伤害，不仅造成数以十万的居民死亡，而且核辐射引起的基因突变影响了一代又一代的人；第二件是纽伦堡对纳粹战犯的审判，这些战犯中有一部分是科学家和医生，他们利用集中营的犹太人进行惨无人道的人体实验；第三件是蕾切尔·卡逊（Rachel Casso）的《寂静的春天》（*Silent Spring*）一书的出版，此书向人类敲响了环境恶化的警钟，世界范围的环境恶化已经严重影响到了人类的生存。除了这三件事之外，推动生命伦理学发展的主要因素还有生物技术的发展，生物技术的进步使得医学面临了许多前所未有的困境，对传统伦理观念提出了新的挑战。

生命伦理学属于应用规范伦理学范畴，它是一门实践的伦理学。虽然它属于实践伦理学范畴，但是生命伦理学仍然内含伦理理论，这包括生命伦理学的基本原则和思想理论，这些原则和理论可以帮助医疗保健人员在处理棘手的道德难题时予以指导，如果没有这些原则和理论，他们在医疗实践过程中就容易"误入歧途"，纳粹时期的德国科学家和医生就是很好的例子，即使他们给予自己行为多么冠冕堂皇的理由，他们也无法摆脱侵犯他人基本权利的事实。生命伦理学作为一门实践伦理学，在具体医学实践中出现的伦理难题当然是其关注的重点内容，例如堕胎、体外受精、安乐死、代孕母亲、基因编辑、人体实验等问题。

本章首先介绍西方生命伦理学的基本原则和流行的主要理论（即生命伦理学的理论部分），在介绍每种基本原则和伦理理论的过程中，穿插医学实践过程中比较典型的案例（即生命伦理学的实践部分），这样不仅能够使我们更深入地理解每种生命伦理学理论，而且还能够呈现给我们应用理论解决实际问题的具体方案。生命伦理学除了理论和具体的医疗实践之外，还有一部分内容也是非常重要的，那就是责任问题。因为生命伦理学涉及的是"关系"，即医疗保健人员与病患的关系，科学家、医学研究者与受试者的关系，医疗保健与社会的关系等，因此"责任"问题显得尤为重要。当病患对自身的健康负责、医疗保健人员对病患负责、医疗保健对整个社会负责的时候，我们的社会才会变得更加美好。

第一节　生命伦理学的基本原则

在现代社会中，有很多伦理准则、法规来规范和约束人们在生命科技、生物医学、医学研究、卫生保健与临床中的实践，在国际上，有《纽伦堡法典》《赫尔辛基宣言》《生命伦理学和人权普遍宣言》等，而这些伦理准则或法规的制定则是根据伦理学的基本原则制定的，伦理学的基本原则是评判人类实践对错的最基本的框架。不了解这些伦理学基本原则，就无法了解相关的伦理准则或法规，也就不能在人类实践活动中正确应用这些伦理准则或法规。伦理学原则是在特定条件下针对具体情境的伦理难题提出来的，人们在面对历史中的伦理难题时不断总结经验，为了避免道德错误再次发生而提出一套指导行为的原则。例如，纳粹医生利用集中营的犹太人做实验，在没有告知他们任何实验信息和实验目的，也没有得到他们同意的情况下就对其进行了惨绝人寰的人体生物实验，致使很多犹太人在实验的过程中丧失生命。针对类似的历史教训，伦理学家总结出了一些基本的伦理学原则，如尊重自主原则、不伤害原则、有利原则、公正原则，这些基本原则是行为的底线，它们的目标是让悲剧不再重演。

虽然生命伦理学的基本原则是根据历史的经验教训归纳出来的，并且作为指导人类实践的指南，但这些原则并不是绝对的道德命令，而是一般性的指导方针，这些指导方针应该应用于具体的伦理情境，因为同样的一条原则，在不同的伦理情境中它的作用和使用都是不一样的。

一、尊重自主原则

（一）何为"自主"？

"自主"一词源于希腊语 autos（自我）和 nomos（支配、统治），这一词最初是指希腊城邦的自我治理或自我管理，后来延伸至个人领域，并获得了很多的含义，如自我支配、意志的自由、个体选择、隐私等。个体自主性的最低标准是依据自我意志进行自我管理，不受他人的控制与干涉，也不受妨碍自我做出选择的干扰或限制，例如，认知障碍就是对自主性的限制。有些关于自主的理论认为，自主有两个必要条件：一是自由，即不受控制或干扰，二是行为能力，即思虑而为的能力。在生命伦理学中，这种自主则特指人对某医疗行为的自我决策能力，而非一般的支配能力。汤姆·比彻姆（Tom L. Beauchamp）和詹姆士·邱卓思（James F. Childress）认为，我们应该根据行为是否符合如下三个条件来分析自主行为，这三个条件是意图、理解和不受控制性因素的影响。[①] 这里涉及了"程度"的问题。除第一个条件外（人的意图要么是故意的，要么是非故意的），第二个和第三个条件都涉及了程度问题。例如，人的理解能力有高低之分，即使是心智十分健全的人在信息与理解之间也不能做到百分百的传递；再如不受控制性因素的影响，即使认为自己是在毫无压力并且是理性的决断时，也有可能会受到潜意识的影响或本身就对某事物具有天然的喜好，所以理解和不受控制因素的影响都存在程度的问题。问题在于，当理解和不受控制性的因素的影响达到多大程度才可以认为是一个自主性行为。为此，比彻姆和邱卓思提出了"连续谱"理论来理解人的自主性问题。他认为，存在一个广阔的从完全自主到完全不自主的自主连续谱。[②] 比如，在这个"自主连续谱"中，心智有问题的儿童和患有阿尔兹海默症的老人会表现出不同程度的理解力和选择，因此他们的行为呈现出不同的自主程度。按照"自主连续谱"理论，一个人不可能具备完全的自主性，一个人只要在很大程度上具有理解力和不受限制，那么这个人就可以被认为是自主的。比彻姆甚至认为完全自主性是不可取的，因为完全自主性需要超越时空条件的限制，而这

[①] 〔美〕汤姆·比彻姆、詹姆士·邱卓思：《生命医学伦理原则》，李伦译，北京：北京大学出版社，2014年，第61页。

[②] 〔美〕汤姆·比彻姆、詹姆士·邱卓思：《生命医学伦理原则》，李伦译，北京：北京大学出版社，2014年，第61页。

会剥夺人之行为在当下现实世界的立足之地。因此,一个人的决策只要具有充分自主就可以,而不必是完全自主。

(二) 尊重自主原则

尊重自主原则是指尊重一个个体的自主性和自由选择的权利,不能强迫、威胁或在没有征得对方同意的情况下代替他人做决定。尊重自主原则在公共道德中起着尤为重要的作用,在生命伦理学中,它则是考察个体在医疗保健和医学研究中所做的决定,尤其是知情同意和知情拒绝。尊重自主原则也是其他伦理原则的基础,其他原则是对尊重自主原则的补充与完善。需要注意的是,虽然尊重自主原则是讨论其他伦理原则的基础,但是这并不意味着尊重自主原则凌驾于其他伦理原则之上,尊重自主不是极端个人主义,也不是极端强调个体理性的原则,而是兼顾个人自主性与个体的社会本质、个体的选择与行为对他人产生的影响、人的理性与情感的和谐关系。

尊重一个自主行为者,最低标准是要承认此人有权拥有自己的观点、做出自己的选择,以及依据自己的信念和价值观进行判断。因此,"尊重"就是承认他人的决策权。康德认为,"尊重自主"源于所有人都具有的不可侵犯的价值,每个人都有决定自己道德行为的能力。如果不尊重一个人的自主性,就是侵犯此人的基本权利,把此人当作手段而非目的来对待。康德主张的是"人是目的而非手段"的绝对命令。而密尔把人的自主性集中在"个体",认为只要人们没有干扰到别人的权利,那么他们就有权利根据自己的信念与价值观来发展自身。同时密尔也宣称,如果他人持有错误的观点的时候,我们有责任纠正他们的错误观点。密尔既要求不干涉别人的自主选择,同时又要求促进别人的自主选择。

尊重自主原则可以分为消极义务的尊重自主原则和积极义务的尊重自主原则。消极义务的尊重自主原则是指自主行为不应受制于他人的控制或干扰;而作为积极义务的尊重自主则是指告知信息和促进自主决策时应该持有的态度。因此,尊重自主原则要求从事医疗保健和人体实验的人员必须要告知相关信息,在病患和受试者自主并且充分理解信息的情况下,促进他们的决策。正如康德所说的,把人当作目的来对待,这就要求医疗保健人员帮助他们的病患和受试者实现病患和受试者自身的目的,增强他们行为的自主性。

(三) 自主决断的能力

尊重自主原则除了自主性的问题外,还牵涉一个重要的问题,那就是人的自主决断的能力，因为并不是所有具有自主性的人做出的决策都是正确的，从而是需要尊重的。

行为能力的一个核心含义是执行一个行动的能力。根据这个说法，行为能力是一个一般性概念，而不是绝对的概念。例如，一个患有轻度阿尔兹海默症的老人具有与人交流的行为能力，但是对于自身疾病的判断则没有行为能力。因此，医疗保健中的行为能力需要有一个标准。比彻姆和邱卓思把"连续谱"应用到了医疗保健中的行为能力中，从而得到了"行为能力谱"这一概念。他认为，能力谱系从完全有能力到中间状态的各种不同水平的部分有能力，最后到达完全没有能力[1]。但是这个谱系的哪一阶段才能视为医疗保健中的行为能力呢？比彻姆和邱卓思认为，应该在这个谱系中设置一个阈值，在这个阈值之下，即使具有部分行为能力的人也被视为无行为能力，而在这个阈值之上，即使没有达到完全行为能力的部分行为能力，也被视为具有行为能力。而确定这个阈值需要根据具体的情景。对于能力谱系的最末端，即完全没有行为能力，比彻姆从医疗经验中总结了七条标准：

a. 无能力表达或选择；
b. 无能力理解处境及结果；
c. 无能力理解相关信息；
d. 无能力提出理由；
e. 无能力提出合理理由，尽管可以提出一些支撑性理由；
f. 无能力提出一些风险－利益理由，尽管能提出支撑性理由；
g. 无能力作出理性决策。[2]

这七条经验性标准围绕三种能力。标准 a 检测的是病患或受试者表达的偏好，这也是弱标准；标准 b、c 条检测的是病患或受试者理解信息、处理信息、感知处境的能力；标准 d 到 g 检测的是病患或受试者有无推理能力及根据理性推理作出决策的能力。

以上对于行为能力的确定主要根据人的自主性以及精神心理能力，但这种确定行为能力的标准并非唯一标准。很多政策使用可行性、社会认同、效率等实用标准来确立一个人是否具有行为能力。例如，人们经常把年龄列为一个人具有行为能力与否的标准，而此"年龄阈值"则根据社会认同、风险程度等条

---

[1] 〔美〕汤姆·比彻姆、詹姆士·邱卓思：《生命医学伦理原则》，李伦译，北京：北京大学出版社，2014年，第72页。

[2] 〔美〕汤姆·比彻姆、詹姆士·邱卓思：《生命医学伦理原则》，李伦译，北京：北京大学出版社，2014年，第74页。

件的不同而不同。例如艾伦·布坎南（Allen Buchanan）和丹·布鲁克（Dan Brock）提出了滑动天平理论。[①] 他们认为，当某个医疗方案可能增加病患的危险时，医疗保健人员就应该提高选择或拒绝医疗方案的行为能力所需的能力的水平。而当某个医疗方案不会给病患带来负面影响的时候，医疗保健人员就应该降低行为能力所需的能力的水平。顾名思义，滑动天平理论所确立的行为能力的标准根据风险的不同而左右滑动。

（四）知情同意

在尊重自主原则中，最为重要的一个概念就是知情同意。自纽伦堡对纳粹科学家及医生的惨绝人寰的人体实验的判决后，知情同意概念就走进了生命伦理学的领域。知情同意具有两层含义：第一层含义是个体对于医学研究或医疗方案的自主性授权。就是说，知情同意不只是个体对一个医疗方案表示同意，而是个体必须通过知情、理解、自愿的行为来授权做某事。当且仅当一个人对研究计划或治疗方案有了实质性理解且没有受到他人干扰的时候，第一层的知情同意才会出现。知情同意的第二层含义是根据社会规则来理解，即在研究或治疗之前要得到受试者或病患在法律上的有效同意。根据第二层含义，知情同意并不一定具有自主性，甚至不是自主性授权，而仅仅是在法律或制度上有效地授权，它的有效性根据法律而定。例如，未成年人就不具有第二层含义的知情同意，他虽然可以知情同意医疗保健人员对其实施医学研究或医疗方案，但是根据法律，这不是一个有效的知情同意。因此，这个未成年人可以自主地知情同意某项医疗方案，这是在第一层含义上的知情同意，然而此知情同意第二层含义上却是无效的。

一般情况下，知情同意具有两大要素，即信息要素和同意要素。信息要素是指信息的告知和对信息的理解，同意要素是指受试者或病患自愿的授权。而法律、医学、心理学及哲学则倾向于把下列五个要素作为知情同意的组成部分，这五个要素是告知、理解、自愿、同意及行为能力。比彻姆和邱卓思根据这五个要素，提出了更加细化的知情同意的七个要素：

Ⅰ. 基本要素（其他要素的先决条件）
    a. 行为能力（理解能力和实践能力）
    b. 自愿（决断）

[①] A. E. Buchanan and D. W. Brock, *Deciding for Others: The Ethics of Surrogate Decision Making*, Cambridge: Cambridge University Press, 1990, pp. 52—55.

Ⅱ. 知情要素

  c. 告知（信息）

  d. 建议（医疗方案）

  e. 理解（对于"告知"、"建议"）

Ⅲ. 同意要素

  f. 决策（同意或否定医疗方案）

  g. 同意（授权）①

基本要素是知情要素和同意要素的先决条件，如果没有基本要素，那么后两者即使全部做出也没有任何意义。

二、不伤害原则

（一）不伤害原则及其衍生的具体规则

不伤害原则确立了不伤害他人的义务。这一原则最早可追溯到希波克拉底，他在《希波克拉底誓言》中明确表达了不伤害义务和有利义务："我将尽我的能力和判断力，用医术帮助病人，但是，我绝不利用它伤害或错伤病人。"

对于不伤害原则，威廉·弗兰克纳（William Frankena）总结出了四个一般性义务，它们分别是：

  a. 不作恶与施加伤害；

  b. 应避免恶与伤害；

  c. 应去除恶与伤害；

  d. 应行善、增加有利的结果。②

弗兰克纳混淆了不伤害义务和有利义务，他的四条一般性不伤害义务实际上是不伤害义务和有利义务的综合，只有义务 a 是不伤害义务，而义务 b-d 则是有利义务。弗兰克纳认为，每一条义务都优于后一条义务。对于弗兰克纳的这种混淆，以及把它们按等级排序，比彻姆和邱卓思提出了异议，他们认为不伤害义务和有利义务本质上是不同的，不能笼统地把它们归为一类。比彻姆和邱卓思认为，不伤害义务有时严格于有利义务，而有利义务有时又严格于不

---

① 〔美〕汤姆·比彻姆，詹姆士·邱卓思：《生命医学伦理原则》，李伦译，北京：北京大学出版社，2014 年，第 80 页。

② William Frankena, *Ethics*, Englewood Cliffs, NJ: Prentice-Hall, 1973, p. 47.

伤害义务，不能简单地把它们按照不伤害义务永远优于有利义务这样排序。例如，凭直觉，不伤害义务似乎要比抢救他人的义务更严格，即不伤害义务优于有利义务，但是对于低风险的治疗或医学研究，有利义务要比不伤害义务更严格，在此有利义务就优于不伤害义务了。比彻姆和邱卓斯认为应该把不伤害原则表述如下：一般而言，不伤害义务比有利义务严格，在某些特殊情况下，即使有利行为会带来有利后果，不伤害原则也可以压倒有利义务。同时，他们取消了弗兰克纳对于不伤害原则的等级排序，把这四条义务放在一起，直接表述为四个规范：

Ⅰ 不伤害原则：

a. 不作恶与施加伤害。

Ⅱ 有利原则：

b. 避免恶与伤害；

c. 去除恶与伤害；

d. 应行善与增加有利结果。①

通过这种划分，有利原则的三个规范变成积极性规范，要求采取行动以帮助他人，增加他人利益；不伤害原则的一个规范则变成消极性规范，要求避免会导致伤害的行为。除此之外，比彻姆和邱卓思把不伤害原则进一步细化为五个具体的道德规则，它们分别是：

a. 不杀害；

b. 不致残；

c. 不致疼痛；

d. 不侵犯；

e. 不剥夺（他人物品等）。②

需要注意的是，比彻姆和邱卓思列举的不伤害规范和此规范衍生出的五条具体的规则都是初始性准则，而非绝对准则。当不截肢会导致病患生命危险的时候，显然采取截肢（截肢就涉及了不致残、不致疼痛）更有利于病人。

（二）适当照护规则与疏忽

除了上述五条具体规则外，比彻姆和邱卓思特别强调了另外一种规则，这

---

① 〔美〕汤姆·比彻姆、詹姆士·邱卓思：《生命医学伦理原则》，李伦译，北京：北京大学出版社，2014年，第113页。

② 〔美〕汤姆·比彻姆、詹姆士·邱卓思：《生命医学伦理原则》，李伦译，北京：北京大学出版社，2014年，第115页。

条规则也可以看作是不伤害原则衍生出的第六条具体规则。这条规则就是"适当照护"(due care)规则。适当照护是指根据一个有理性的人对具体情境的判断，为避免造成伤害而采取的充分治疗。有这样一种具体情境，即人们会在没有恶意或伤害目的的情况下伤害他人或致他人于危险之中，而施加伤害的人可能不对造成的伤害负法律或道德责任。例如，救护车可能会在抢救生命的情况下超速行驶从而给其他行人造成伤害的风险。在这种情况下，即使给他人带来比较大的风险，提供适当照护的人也没有违反道德规则。因此，适当照护规则决定的是，对风险负有因果责任的人是否也负有道德或法律责任，适当照护规则的目的是论证造成的风险是否具有合理性，即要达到某一个目的，就必然会伴随某一风险，巨大的风险要有足够权重的目的的合理性为基础。

与适当照护相对立的是疏忽。疏忽分为两种，一种是故意施加不合理的伤害，即故意疏忽；另一种是因大意而疏忽，是非故意的造成的伤害，即无意疏忽。对于第一种情况，施加伤害的人是明知故犯，从而导致受害者的伤害，这种故意疏忽应该受到道德的谴责甚至是法律的制裁；对于第二种情况，失害者虽然不是有意为之，但是仍因自己本该知道却大意而造成受害者的创伤，这也需要受到道德的谴责或法律的制裁。在医疗保健领域，疏忽主要是指没有达到适当照护标准的行为，这些标准是为了保护人们免受因疏忽造成的伤害而确立的。比彻姆和邱卓思总结了四条没有遵守适当照护标准的要素：

a. 医疗保健人员必须对受害一方负责任；
b. 医疗保健人员违背了这一责任；
c. 受害的一方遭受了伤害；
d. 这一伤害是因违背责任造成的。[①]

从上述可以清晰地看出，医疗保健人员的疏忽主要是涉及了没有遵守适当照护标准的疏忽行为，对于这些疏忽，应该要求医疗保健人员经过严格的培训，培养娴熟的技术以及敬业的精神。只要进入了医疗保健领域，医疗保健人员就要遵守医疗保健的职业道德和职业标准。

---

① 〔美〕汤姆·比彻姆、詹姆士·邱卓思：《生命医学伦理原则》，李伦译，北京：北京大学出版社，2014年，第116页。

三、有利原则

(一) 有利原则及具体的有利规则

很多伦理学家往往把有利原则和不伤害原则放在一起讨论,就如上一节中弗兰克纳所做的那样,但实际上有利原则在很多方面都不同于不伤害原则。不伤害原则是对行为的消极性禁止,是对规则不偏不倚地遵守,也是法律禁止某些行为的道德理由;而有利原则却不同,它要求人们采取积极性行为,并不总是不偏不倚地遵守某些规则,即使行为者没有遵守某些规则,也不会成为法律惩罚的理由。在任何时候不伤害原则对所有人都是适用的,但是对所有人都做到有利则是不可能的。因此,对他人造成任何伤害都是不道德的,但是对他人没有做到有利,在道德上则是允许的。

有利的英文是 beneficence,用来指仁慈、良善等行为,它的形式主要有爱、利他和人道。在我们所探讨的医疗保健领域,有利则是指增进他人利益的行为,而有利原则则是指为了增进他人利益而行动的道德义务。一般来说,有利原则可以保证人们采取某些成本较高的行动是值得的。有利原则和其他一系列原则一样,都是初始原则。这一原则仅限于衡量各种可能行为的后果,例如某行为可能带来的利益与伤害、花费的成本,等等。它虽然保证获得可能的最大收益,但它不能确定各义务的总体平衡。需要指出的是,公共道德一般不包含有利原则,因为有利原则有时要求人们在道德生活中做出比较大的牺牲,比如为了扑救急驶着车辆的马路上的行人,自己就会有受伤或死亡的风险。因此只有理想的有利原则才会包含这种极端的"慷慨"。道德并不要求我们在任何时候都做出对他人有利的行为,即使我们可以这么做。

同不伤害原则一样,有利原则也可以应用到许多具体的道德事实上,从而得出一些有利义务的规则,它们是:

a. 保护和捍卫他人权利;
b. 防止伤害他人;
c. 消除伤害他人的条件;
d. 帮助残疾人;
e. 救助危难中的人。

（二）特殊有利义务与一般有利义务

有利义务一般分为特殊有利义务和一般有利义务。特殊有利义务是指针对特定人群的有利义务，比如对家庭、子女、朋友、病人的有利义务；而普遍有利义务是针对所有人的，普遍有利超出了特殊有利所要求的特定关系人群，具有普遍适用性。同时，普遍有利的要求则比特殊有利要低，因为当道德要求过高而不容易达到的时候，人们就不会以"义务"的方式去做。特殊有利义务除了普遍有利的要求之外，还要加上另外一些针对特定人群的规则，特殊有利义务源于特殊的道德关系，这种特殊的道德关系通过机构角色和契约建立起来。例如，工作中的主管与员工之间的道德关系就属于机构角色，而家庭中的丈夫与妻子的道德关系则是根据契约建立起来的。这些义务除了源于隐性的和外显的任务，也源于接受过的特殊利益。正如休谟认为的那样，有利义务源于社会的互惠，即人们从社会得到利益，因此也应为社会做出贡献。互惠就是做出相对等回报的行为。例如，获得的利益与给予的利益相当，造成的伤害与受到的惩罚相当。这种互惠理论指明，我们有帮助他人、增加他人利益的义务，因为我们可以从他人那里接受同等的帮助。除了特殊的道德关系，当满足下列所有的条件时，一个人就对另一个人具有明确的有利义务：

a. 乙处于生命、健康等主要利益遭受严重损害之中；
b. 甲的行为对于防止这些损害必不可少；
c. 甲的行为对于停止这些损害具有很大概率；
d. 甲的行为不会给自身造成损失、伤害、危险；
e. 乙获得的利益大于甲可能受到的损失、伤害（且甲受到的伤害是小的）。

这五条有利义务中，义务 d 极为重要，因为只有它是明确的，其他四条都具有一定程度的模糊性，比如义务 c 所说的"很大概率"，但是到底多大的概率才能称为很大概率？而义务 d 则会直接导致有利行为的产生，因为人们往往会在自身不受伤害的情况下才会采取一些对他人有利的行为，而其他四条虽然没有采取有利行为，但是对这种不作为会在心理上找到平衡。

（三）有利义务的典型：家长主义

有利原则的一个典型形式是家长主义的有利。在过去，医生掌握着医疗的专门知识，并且依靠自己对于病人病情的了解作出关于病人病情的判断并给予治疗方案，而病人只要谨遵医嘱就可以，这就是医疗保健领域的"家长主义"，即医生和病患的关系就像父母与子女的关系一般,父母为了子女的利益而采取命令的形式要求子女"必须做"与"不能做",而子女只需遵从而无需提出异议。然而近年来,随着人们的自主权日益增多,医疗保健人员遇到越来越多的病患做出不同于医生医疗方案的判断,家长主义和医疗保健中的自主原则的矛盾便浮出了水面。病患自主权的支持者认为,医疗保健人员有义务对病患透露病情信息、寻求同意、保护隐私等,这根据病人的自主性原则确立。而对于另外一些人来说,医生的主要义务是增进病人利益,而不是鼓励自主决定。

我们需要注意的是,并不存在一个压倒一切的普遍适用性的原则,我们不能通过线性的方式论证一个原则凌驾于另一个原则之上,虽然某种程度上家长主义和自主原则存在一定张力,但实际上两者是可以调和的。有利原则确立了医疗保健领域的首要目标,而自主原则(也包括公正原则和不伤害原则)则是为追求这一目标的行为设置了道德界限,就是说,自主性原则的设立是为了避免出现纳粹型的医生。因此,家长主义作为有利原则的一个典型,一定程度上是必要的。

那么家长主义有利原则为什么会存在呢?首先,所谓家长主义,并不是指父权社会中统治一切的强权式父亲制,而是指父母保护性地照顾没有行为能力的子女的一种模式。家长主义是对仅有有限自主性或完全没有自主性的人的干预。换言之,家长主义有利原则起源于需要家长监护的无行为能力的儿女,并且延伸至与仁慈的家长监护类似的需要照顾的无行为能力的人。家长主义在医疗保健领域的延伸则是,医疗保健人员具有专业的知识、娴熟的技能、敏锐的洞察力和精密的医疗器械,因此处于决定病患最大利益的权威位置。

关于家长主义,乔尔·费恩伯格(Joel Feinberg)做出了强家长主义和弱家长主义的区分。在弱家长主义中,行为者根据有利及不伤害原则进行干涉,目的是防止非自愿行为,即保护人们不实施非自主行为。这种非自主行为包括没有得到充分信息的知情同意、妨碍理性思考的智力问题以及阻碍自由选择和行动的成瘾行为等。相对于弱家长主义,强家长主义的目的是做出有益于个体的行动,而不管个体的行为是否知情、是否自愿。当需要保护个体利益时,强家长主义甚至会拒绝个人自主性、选择以及行为。强家长主义有可能会限制个人获得信息,压制个体的知情同意,因此在这种模式下,个体选择并非完全知情。

对家长主义的可靠论证,是将"有利"和"自主"放在天平两端衡量。随着一个人的自主权的增加而利益有可能减少,家长主义的行为也就变得没有说服力;反之,随着一个人利益的增加而自主性的减少,家长主义也就变得更加有说服力。因此，提供微小利益或减少微小伤害而严重贬低自主权，这种家长主义的有利原则会趋于无效；但是为了防止严重伤害或可以提供很大的利益从而稍微降低人的自主权，这种家长主义的行为往往会得到认可。比彻姆和邱卓思认为，在医疗保健领域中，家长主义的行为满足下列条件的时候，强家长主义有利原则就是有效的：

a. 病患处在可预防的严重伤害的风险之中；
b. 家长主义行为可以防止这些伤害；
c. 家长主义行为带给病患的预期利益大于它的风险；
d. 已采取最低限度的妨碍自主的方案；
e. 家长主义行为不得实质性地压抑自主。[①]

四、公正原则

（一）分配公正的原则

哲学家在解释"公正"时往往用到不同的概念，罗伯特·诺齐克（Robert Nozick）、约翰·罗尔斯（John Rawls）把公正解释为公平，布莱恩·巴利（Brian Barry）将公正解释为不偏不倚。这些观点根据"应得"和"亏欠"，将公正解释为公平对待、恰当对待。只要人们因特殊能力（如智力高）或特殊情境（如受到他人伤害）应该得到某种利益或付出某个代价，就需要公正原则；相反，不公正则是否定人们应得的利益或应付的代价。

在人们日常生活中，出现得最多的公正原则是分配公正，它源于资源缺乏与竞争的情况下。分配公正是指由构成社会合作条件的规则而决定的公平、恰当的分配。分配公正的范围是分配各种福利和负担的政策，比如资源、机会、财产等。这一概念广义上是指社会的一切义务、权利的分配。

在公共道德领域中存在着多个值得接受的公正原则，其中一个是形式的公正原则，而其他的公正原则称之为实质性公正原则。形式的公正原则源于这样一种思考，即所有的公正理论都有一个最低的要求。这个要求由亚里士多德提出，他认为，平等应该平等对待，不平等应该不平等对待。之所以把这一公正原则称之为形式，是因为它并不指明具体情境中，哪些事情应该平等对待，哪

[①] 〔美〕汤姆·比彻姆、詹姆士·邱卓思：《生命医学伦理原则》，李伦译，北京：北京大学出版社，2014年，第181页。

些事情不应平等对待,也没有提供确定两人或多人之间是否真正平等的判断标准。因此,形式的公正原则最明显的缺点就是缺乏实质性内容。

实质性公正原则弥补了这一缺陷。实质性公正原则是对平等对待的相关特征的细化原则,指明了分配的实质性特征。其中一个原则是需要原则,该原则认为根据需要分配社会资源才是公正的。但是此需要原则并不是指满足所有人的所有需要或分配所有的资源与服务,这一需要原则是义务性的,因此仅限于满足人的基本需要。所谓基本需要,就是指,如果一个人的这种基本需要得不到满足,这个人就会根本上受到损害或不利。例如,一个多天没有进食的垂危之人,如果再得不到食物就会有生命危险。除了需要原则外,还有五种实质性分配公正原则:

a. 平均分配原则;

b. 按付出(如劳动)分配原则;

c. 按贡献分配原则;

d. 按优点分配原则;

e. 按自由市场交换分配原则。

这六条实质性分配公正原则都设定了一个初始义务,并且每一条原则如果脱离具体情境或适用范围,就无法评判该义务的权重。许多国家在制定公共政策的时候,都会采取多种实质性公正原则并用的方式,在不同范围与情境中诉诸不同的原则。这几种分配原则之间也可能存在冲突,这就需要对于具体情境进行细化、分析、权衡。抽象的原则只能为制定政策提供一般的指导,在面临道德困境的时候,我们需要进一步的道德论证,对情境进行分析,对原则进行细化,对相反的观点进行评价,以确定并存的诸判断有哪些在道德上优先。

(二)分配公正的理论

分配公正理论试图将个人特点与具有道德合理性的利益或负担分配结合起来。对于确定如何分配或在某些情况下再分配社会负担、资源、服务,有这样一些理论:功利主义,即强调利益后果的判断标准,旨在最大化最大多数人的利益;自由主义,即强调经济和社会自由,它诉诸公平的程序而非实质的内容;社群主义,即强调从社群的角度开展公正原则;平等主义,即强调每一个人对于生活物资的公平获得。下面就这四种公正理论进行详细的介绍。

功利主义又称效用主义,它把分配公正看作利益最大化的问题。功利主义认为,公正的标准取决于功利原则,功利原则要求人们寻求总体利益的最大化,而公正只不过是功利原则所确立的最高级的代名词。一般而言,功利主义中的公正原则为个体确立了相关权利，并认为这些权利应当得到法律的保障。这些权利取决于社会总效用的最大化的社会安排。而功利主义的缺点也非常明显，功利主义只关注社会总体利益的最大化，从而忽略了如何公正地分配利益和负担。例如，一个社会不给予病危患者、先天缺陷人群提供医疗救助来实现社会利益的最大化，这显然是不公正的。

自由主义的公正理论强调公平程序的自由运行，而非增加公共利益或满足公民健康。例如，美国认为，由自由市场来调节医疗保健的分配是最好的，市场直接或间接通过"保险支付能力原则"运行。根据这一原则，一个公正社会应该是保护公民的财产权和自由权，允许人们凭借个人意志改善处境、保障健康。同样的根据这一原则，医疗并不是一种权利，理想的医疗保健应该是私有化的。这种理论的最终结果就会导致有限的医疗保健资源集中在少数有钱人手中，普遍大众的医疗需要越来越汇集于少数人的罕见疾病之中。

社群主义的公正原则反对把人的关系建立于契约和权利基础之上的社会模式，这些模式试图建立一种单一的公正原则来评价所有社会。社群主义公正原则认为公正原则应该是多元的，因为它源于不同的善之概念。有多少种社群团体，就有多少种不同的善之概念，而群体和个体想要获得什么，则要根据于这些不同社群的不同标准。

平等主义的公正原则认为，人们应该接受某一资源的平等分配，但是平等主义者并不要求平等分配所有的社会资源，而仅仅要求在某些方面是平等的即可，允许有利于边缘群体的不平等。诺曼·丹尼尔斯（Norman Daniels）根据罗尔斯的机会均等原则，论证了一种医疗保健领域的公正原则。他认为，影响医疗保健分配的社会制度应该尽可能允许每个个体得到社会提供的正常范围的公平机会。[①] 而正常范围是指，根据个体的天赋和能力，他期望能够实现生活规划的合理的范围。除此之外，丹尼尔斯还强调，社会有义务积极地消除阻碍平等机会的任何障碍，这一义务也延伸至帮助弱势群体上面，认为残障或疾病不应该成为个体实现其目标的障碍。因此，必须通过医疗保健来恢复这些失能的器官。丹尼尔斯的这种公正理论对医疗保健政策具有深远影响。根据这一理论，每个社会成员，不论地位、财富，都应该平等获得较为充足的医疗保健服务。而对于更好的医疗服务，则可以自行付费购买，比如豪华病房、牙齿矫正等，也可通过购买私人保险实现。

---

① Norman Daniels, *Just Health Care*, New York: Cambridge University Press, 1985, p. 34.

（三）医疗保健资源的分配

分配可以划分为不同的类型，每种分配均涉及计划与备选项目的竞争。我们将区分四种不同但相互关联的分配类型。

1. 综合性社会预算的分配。每个政治机构都要根据预算运行，包括医疗保健和其他社会资源的预算，比如教育、国防、住宅等。医疗保健不是我们唯一的目标，因此，其他方面的开支就不可避免地与医疗保健开支竞争资源。

2. 健康预算之内的分配。除医疗保健服务之外，我们还可以通过很多方式促进健康。环境保护、食品安全等健康项目，都是社会促进公民健康的有机组成部分。因此，健康资源不能被医疗保健资源代替，健康预算也大大超出医疗预算。

3. 医疗预算内的分配。社会在确定了医疗保健预算之后，还需要通过选择资金投入哪些具体项目，然后在医疗保健内部分配。同时，还需要做出很多决定，例如优先考虑治疗还是预防。而如何将治疗和预防有机地结合起来，往往取决于因果联系，比如疾病与环境、疾病与行为之间的因果联系。除此之外，医疗保健资源分配的先后次序的另一方面是哪些疾病应该优先得到救治。为了确保各种医疗需要的先后次序，需要根据疾病的传染性、发病率、费用、伴随的痛苦、生命年限、生命质量等因素来区分疾病。

4. 稀缺医疗保健的分配。对医疗的需求是无限的，各医疗保健体系都面临资源短缺，现存的医疗保健资源并不能满足所有人、所有疾病的需要。这里所呈现出来的问题是：当不是每个人、每种疾病都能得到救助时，哪个人或哪种疾病应该得到救助或治愈？这一类分配决策与上述第三类分配决策是相关联的，针对这两类分配决策，采取的分配方式一般是定量配给。定量配给具有三层含义：第一层次是指，因缺乏购买能力而被拒绝给予某一资源。例如，自由市场条件下的美国，根据个人的购买能力给予医疗保健商品，当缺乏购买能力时，医疗保健商品将拒绝被给予。第二层次是指，根据社会政策设定某一物品的配额，超出配额的部分将拒绝给予。例如，战争年代粮食的定量分配，一旦超出这一定量分配，将拒绝给予。第三层次是指，资源分配是平均的，但是超出定量份额之外的部分，可以用购买力给予。在医疗保健领域，定量配给的三个层次都有体现，而绝大多数医疗保健系统以第三层次的定量配给为主。

第二节 生命伦理学中的道德理论

本节主要介绍生命伦理学的几个流行的道德理论,主要有"道德异乡人"理论、相称主义思潮、境遇伦理学、功利主义思潮、康德主义思潮。我们需要重申,在生命伦理学中,任何一种道德理论都不是绝对不变的原则,也不存在一种理论优越于或凌驾于另一种理论之上。甚至可以说,不同的理论在具体的生命伦理情境中可能会相互冲突,但是并不意味着它们之间有对错之分。不同的道德理论都有自身存在的价值,我们不能主观上非此即彼,所有的道德理论都是指导人们实践的一般性指南,哪种理论更加适用则要根据具体情境而定,因此,不论探讨医疗保健的基本原则还是道德理论,都少不了具体情境这一基础性要素,只有在具体情境中看待各个理论,理论才能给予人们正确的指导,从而解决各种不同的道德困境。

一、"道德异乡人"理论

(一)启蒙理性的失败

"道德异乡人"理论由美国伦理学家祁思特拉姆·恩格尔哈特(Tristram Engelhardt)提出,他之所以提出这一理论,源于他对理性的批判性反思。

理性起始于古希腊,它在西方人心中一直占据着重要的位置。古希腊哲学家毕达哥拉斯把数当作世界本原,而对于数的把握则是理性。柏拉图的理念世界同样是理性所能到达的世界。经院哲学家托马斯·阿奎那则强调理性具有知晓自然法的能力。到了近代,理性更是被推崇到了极致。近代哲学之父笛卡尔把天赋观念作为人类知识的起点,而经验论者洛克虽然认为人类心灵如同白板,知识产生于经验,但是他还是承认一些基本原理如道德原则是不证自明的。而被认为是启蒙运动的最后一位代表康德虽然承认人类知识的有限性,认为人类无法认识物自体,从而为宗教和道德律留下了地盘,但是他又承认人类行动的道德律是理性原则,它同数学一样,对所有人都具有普遍的约束力。启蒙运动的核心就是,试图用人类理性证明一种客观有效的道德。换言之,启蒙运动者想要用理性证明一种在道德上正确的生活方式。

恩格尔哈特认为，启蒙运动者试图用理性构建道德原则的工程业已失败。他认为，人们要证明一种道德学说是否可能，必须需要实质性的标准，然而人们从不同方式确立的标准却没有一条是由理性证明的，因为每一个标准实质上都是预设的，即预先给定了原本需要理性证明的东西。没有具体的道德感，就无法得到具体的道德标准。理性无法为具体道德感提供论证，因为这些道德感都是一些原初性的设定。恩格尔哈特认为，理性不能告诉人们哪些道德观正确、哪些道德观错误。因此，就产生了两个问题。首先，既然理性无法告诉我们正确的道德观，那我们怎样才能得到正确的道德观，或者我们如何确定我们掌握的道德观是否正确？其次，具有不同道德观的人相遇，如何解决道德冲突？

（二）道德共同体与道德异乡人

随着启蒙理性的失败而产生的上述两个问题，恩格尔哈特的回答是"道德共同体"和"道德异乡人"。针对第一个问题，恩格尔哈特认为，人们可以通过加入道德共同体的方式，通过道德传统来确定道德观、人生观、价值观；针对第二个问题，恩格尔哈特认为，人们可以通过互相协商的方式来解决，谁也不能强迫另一方去过自己认可的道德生活。这就产生了一条他认为是当代道德交往的核心原则，即允许原则。这条原则要求，在涉及他人的行动的时候，必须得到他人的允许，不经别人的允许而采取涉及他人的行为是不道德的，而个人有权做不涉及他人并且是自己认为合适的道德行为。允许原则构成了当代社会伦理学的一个先验条件。正如人的道德活动预设了人的自由，而自由是道德的先验条件一样，启蒙理性失败后的道德多元化社会也预设了允许原则。允许原则是多种不同的道德活动成为可能。允许原则是"道德异乡人"理论的内核，这一原则是程序性的，它不包含任何具体的道德内容。恩格尔哈特认为，允许原则是启蒙理性失败后所存留的唯一一个有价值的东西，这一原则使人们在当代多元化的、相互冲突的道德价值体系共存的情况下依然保持协调一致的伦理学。

在现实生活中，人们遵循着不同的道德价值体系，过着不同的道德生活。例如儒家伦理学、功利主义伦理学、义务论伦理学、自由主义伦理学、天主教伦理学等，它们都具有不同的道德内涵和追求。虽然它们在内容上可能存在相似的地方，但是就本质而言却是不同的。换言之，它们具有不可通约性。启蒙理性的失败表明，人们已经不可能用理性论证哪一种道德体系是正确的了。因此，当下的多元化社会要求我们，既要依据自己所遵循的道德价值行事，同时又要尊重那些遵守不同道德价值体系的人。

（三）宗教的伦理学与俗世的伦理学

相对于道德共同体与道德异乡人，恩格尔哈特提出了两种不同类型的伦理学，即宗教的伦理学与俗世的伦理学。① 这两种类型的伦理学实际是上述结论的具体化。

宗教的伦理学中"宗教"一词不是指某一个具体的宗教，也不是指所有宗教的统称，而是指任何一种关于善与恶、对与错、好与坏的具有实质性指南的系统道德学说。它也被称为具体的伦理学，因为它是"充满内容的"（content-full）。和我们持有同一种具体的伦理学的人是我们的道德朋友，我们之间拥有共同的基本道德价值观。

相反，与我们持有不同的基本道德价值观的人则是我们的道德异乡人。和道德异乡人共事的时候，我们就需要一种不同的伦理学，这就是俗世的伦理学。所谓俗世，并不是指和宗教相对立的凡人社会，而是指一种超越具体传统或意识形态的学说。俗世的伦理学也称为一般的伦理学，它与具体的伦理学相反，是"没有具体内容的"（content-less）。② 俗世的伦理学的核心是一条程序性原则，即允许原则。它要求我们，只有经过道德主体的同意，才能对他人行事。这条原则是道德异乡人在解决道德困境时的关键。

恩格尔哈特认为，对于生活在道德多元化社会的我们来说，人们将不得不在这两种层次上过自己的道德生活。第一种层次是在道德共同体中与道德朋友过一种具体的、充满内容的道德生活。比如，信奉儒家伦理思想的人们知道如何孝敬父母、团结兄弟姐妹等。当然，在这种道德共同体中也会存在冲突，但是这些冲突可以根据共同信奉的形而上学和道德前提解决，或求助于共同的道德权威解决。在当下的道德多元化社会中，人们似乎已经不可能完全生活在道德共同体之中，因此第二种道德生活便应运而生。第二个层次即是在道德共同体和道德异乡人两者中生活。虽然信奉不同道德价值体系的道德主体会共同工作、共同生活，但是他们的道德生活只能由允许原则规范，他们的道德冲突只能由双方的同意来解决。在无法达成一致时，他们可以各行其是，谁也没有权利强迫另一方服从自己所遵从的道德价值体系。换言之，不同道德体系的人在

---

① 〔美〕恩格尔哈特：《生命伦理学基础》，范瑞平译，北京：北京大学出版社，2006年，第25页。

② 〔美〕恩格尔哈特：《生命伦理学基础》，范瑞平译，北京：北京大学出版社，2006年，第81页。

理性无法证明哪一方是正确时，一方只要不违背另一方同样的权利，他就有权做自己认为合适的事，而不论另一方认为这样做合不合宜。

"道德异乡人"理论有助于人们处理生命伦理事件中相互之间的价值冲突，它的允许原则为行为主体提供了行动的准则，也为如何塑造协作精神、构建医疗或保健的组织或团体提供了借鉴。

二、相称主义思潮

（一）相称主义的理论来源

相称主义的理论来源是中世纪著名经院哲学家托马斯·阿奎那的双重效果理论。而此理论源于阿奎那对暴力自卫的许可性辩护。

双重效果理论回答的问题是，导致或许可伤害在道德上是不是恶，或者在某一具体情境中，导致或许可恶是否能被证明为正当。阿奎那认为，任何一种行为都会导致两种后果，一个后果是意愿之中的，另一个后果则是意愿之外的。道德行为的对与错根据所意愿的东西，而不是根据意愿之外的东西。由此，自卫的行为便产生了双重效果，一个是对自己生命的保存，另一个是伤害或杀死侵犯者。其中，保存生命是意愿中的行为，具有合法性，因为每一个人都具有保存生命的自然本性；而伤害或杀死侵犯者则是意愿之外的行为，它是意外的，而非故意为之。这种因保存自己生命（目的）而非意愿的伤害或杀死侵犯者（手段），在道德和法律上是许可的。

但是，如果手段与目的不相称的话，这种出于善的目的而导致恶的手段的行为有时也是不合法律的。就是说，如果一个人采取的防护措施（即手段）超过了该目的应该采取的手段，即保存生命使用的暴力超出了所需要的范围，那么这种行为就是违反法律的。只有采取的适当暴力与保存生命的目的相匹配才是合法的。根据阿奎那的观点，伤害是可以被意欲的，即使行为者根本不意欲它。并且阿奎那认为，道德行为由行为的目的所决定，即行为者所意欲的东西所决定。比如，乐善好施的人救济穷人就是行为的目的，而施舍这一行为只不过是物理行为，这种物理行为通过乐善好施者的意欲而成为一种道德行为。施舍本身作为物理行为只不过是把钱从一个人手上转移到另一个人的手上，这种转移是偿还债务、是借贷、还是购买物品？物理行为是什么取决于行为者意愿这种转移行为成为什么，也就是说，物理行为是什么取决于行为者的意图。

除了行为的目的，还有行为者的动机和行为的环境。行为者的动机是外在的目的,是指行为者将第一行为与之联系起来的行为。因此,施舍是第一行为,而有可能因为施舍获得的税收,则是行为者的动机,行为的目的与行为的动机趋向是相同的。如果人们做一个单一的行为,却没有把它与另一行为联系起来,那么他就只有行为的目的而没有行为的动机。行为的环境的作用则是在数量上决定某一行为。根据行为的目的,不论偷窃的金额大小,偷窃就是偷窃;而罪行的大小则取决于偷窃的数量。阿奎那认为,行为的目的、行为的动机和行为的环境是道德的根源。

(二)从双重效果理论到相称主义

相称主义与双重效果理论具有一脉相承的关系,彼得·卡诺尔(Peter Knauer)是相称主义伦理学的创立者和奠基人,他于1965年发表的论文《双重效果原则的诠释功能》标志着相称主义伦理学的诞生。

卡诺尔认为,只有当恶的效果不是被意欲,而是间接的、具有相称理由的情况下,人们才允许恶的后果。阿奎那要求行为与目的相称,而卡诺尔要求行为的正当性需要有相称理由,当恶的后果匹配有一个相称理由时,此恶果才不是被直接意欲的。

根据卡诺尔对双重效果理论的开创性解释,阿奎那的双重效果理论的现代性解释的关键在于相称理由这一概念。卡诺尔认为,如果一个人有相称理由而行使恶之行为,那么该恶对于这个人来说就是间接的,他只是在该恶的质料因的意义上参与其中,而行为的形式因则是不同于该恶的。因此,这个人的行为仍然是善的。但是,如果这个人的行为缺乏相称理由,那么他就是直接意愿该恶,不仅在质料因上、更是在形式因上赞同恶,这样的行为就被认为是本质上的恶。

卡诺尔还在内在恶与外在恶的意义上来说明相称理由。他认为,有些行为是普遍禁止的,因为这些行为是内在的恶;而有些行为如果具有相称理由的话,这些行为就是外在的恶,从而是许可的。所以卡诺尔认为,一种行为是内在的恶还是外在的恶,完全取决于相称理由,当一种外在的恶缺乏相称理由的时候,外在的恶就变为了内在的恶,行为是否具有相称理由变为了判断内在恶还是外在恶的标准,相称理由的确定决定了行为是否具有道德。

对于卡诺尔,相称理由不仅决定了行为是内在恶还是外在恶,还证明了所遵守的法律是不是正当的。传统认为,否定性法律(如不可杀人、不可说谎)在任何时间、任何环境中都具有普遍有效性,它们不存在任何例外;肯定性法律(如尊重生命、应当诚实)与否定性法律不同,肯定性法律只具有一般的有效性，并不"总是"约束人。因此，相称理由就证明了不遵守肯定性法律是正当的，一种肯定性法律配有相称理由，就会像否定性法律那样具有普遍有效性。

综上所述，不论是内在恶与外在恶，还是肯定性法律与否定性法律，相称主义所要表达的是，如果存在相称理由，那么导致的物理的恶在道德上就是被允许的；如果没有相称理由，导致的恶的行为则是道德的恶。相称主义包含四个重要的要素：第一，行为本身不能是恶的；第二，行为的恶果不是人们意愿的，即人不能直接意愿恶果；第三，恶果不可以先于善果产生；第四，允许的恶果必须伴有相称理由。而这第四个要素则是卡诺尔为双重效果理论注入的新的力量，也就是相称主义的要点所在。

（三）相称理由

卡诺尔的相称主义的要点所在就是相称理由，即恶果的发生必须伴随相称理由，卡诺尔认为这是判断一个行为道德性的根本标准。引起恶果的行为并非道德恶，当且仅当此行为伴随相称理由；而没有相称理由的恶的行为则是道德恶。

相称理由可以使一个恶的行为变成行为者意愿之外的东西，把恶的行为变为一种间接行为；而没有相称理由，恶的行为就会导致行为的道德内容，变成行为的目的。比如，自卫的行为和谋杀的行为，这两者在物理层面上都是一个人使用武器致人死亡，此两种物理行为没有任何区别，而当自卫的行为具有"自卫的相称理由"的时候，这种物理行为便成了自卫行为，从而在道德上得到了确认。

但是，还存在这样一种情况，即并不是任何因自卫而致人死亡的行为都是正当的，或者说在道德上都是得到确认的。当侵犯者使用锋利武器想致被侵犯者死亡时，和侵犯者使用棍棒想阻止被侵犯者反抗时，在这两种情况下，被侵犯者使用武器致侵犯者死亡，在道德层面上是不同的。卡诺尔认为，这就需要行为的理由必须具有相称性。卡诺尔指出，每一种行为，即使是道德上恶的行为，都有一个甚至几个理由支持这种行为。这就意味着，人们追求的每一种事物都有自身的价值，因为人们不会追求没有价值的东西。因此，追求某一事物的理由就是一个实在的善。比如，偷盗者偷窃金钱是因为金钱有价值，他偷窃的理由是能够生活得更好（虽然偷窃行为本身在道德和法律层面不被允许）。所以，偷窃的理由是实在的善，只不过他以错误的方式去追求。对于任何一种行为都是追求价值的行为，而支持这种行为的理由是善的，但这并不充分，就如，偷盗可以让一个人有足够的金钱满足私欲，偷盗也可以让一个因饥饿而生命垂危的人保存性命，第一种人法律和道德都是不允许的，而第二种行为往往可以得到谅解。之所以出现这种差别，根本所在就是理由对于行为具有相称性。即，想要实现的善果必须与因实现善果而接受的恶行相当，并且善要大于恶。

综上所述，相称理由指的是行为与理由具有相称性，从宏观角度看，一个行为与所追求的价值相一致，那么此种行为的理由就称之为相称理由；如果一个行为在宏观上看破坏掉了所追求的价值，那么此种行为的理由就不是相称理由。

（四）善的目的与恶的手段

义务论伦理学认为，有些行为先天就是恶的，无论怎样都无法论证这些行为的正当性，这些行为应该毫无例外地被禁止。它的基本原则是"善的目的无法证明恶的手段为正当"。因此，对于义务论伦理学来说，有些行为的道德性不取决于行为的目的，这些行为本身就是恶的，行为自身就有道德属性，善的目的与恶的手段泾渭分明。

卡诺尔用相称主义反驳了义务论的"善的目的无法证明恶的手段为正当"。他认为，行为的道德属性取决于行为所要达到的目的，如果一种恶的行为只是所要达到的目的伴随物，那么这种行为就是被允许的。但是还存在这样一种情况，即甲想要伤害乙而借口这种伤害是为了乙的某一个善的目的，这种情况也属于上面说的恶的手段是善的目的的伴随物。针对这一点，卡诺尔提出，善的目的必须在程序上优先于恶的手段，而不是相反。比如，某人腿部被子弹打伤，并且会威胁到生命。医生的首要目的是要保存生命，在这一目的的基础上，医生对比了各种医疗方案，最终决定只有截掉患者的腿才可能保住生命。在这一例子中，满足了两个条件，第一，截肢这一恶的行为是保存生命这一善的目的的伴随物；第二，保存生命的目的在程序上优先于截肢行为。

对于卡诺尔来说，有些手段本身是恶的这一说法并非绝对有效；有些手段是恶的仅仅意味着，使用这些手段的理由不是相称的。物理上恶的行为仅仅是物理行为，不具有道德属性，它的道德属性取决于理由是否相称。恶可以由相称理由证明为正当，恶之行为在物理上是直接的，但是在道德上则是间接的，纯粹物理行为与道德描述无关。

综上所述，卡诺尔用相称理由否定了义务论"善的目的不能证明恶的行为为正当"这一基本原则，用相称理由证明了手段只具有相对性，手段的道德属性源于行为者的目的。另一方面来讲,把物理恶置于生命个体的宏观叙事之中,物理恶并不具有独立性,它的存在只是为了个体的整全。就如上面例子中的那样,截肢并不是一个独立的行为,它的存在仅仅在于患者生命的整全性,如果没有生命,即使保留了腿也毫无意义。

三、境遇伦理学

(一)境遇伦理学的产生与原理

境遇伦理学由美国当代著名伦理学家、社会活动家、人道主义著述家约瑟夫·弗莱彻(Joseph Fletcher)提出,这一学说是20世纪六七十年代美国"新道德运动"的产物,代表了西方传统伦理在当代发展的最新趋势。

第二次世界大战以来,西方国家在科学技术领域取得了重大进步,尤其是在生物科技、生物医学、人体科学等方面有了重大突破,给人们的价值观、传统道德观带来了冲击。比如生物科技的进步,开阔了人们以前从未有过的视野,使人们对生命、性、死亡等有了全新的认识。这些新的认识对传统道德带来了很大的冲击,过去被认为具有价值确定性的传统道德在新兴科技领域似乎不再适用。正是在这种情况下,境遇伦理学应运而生。

弗莱彻于1966年发表的《境遇伦理学——新道德论》中指出,境遇伦理学的基本原理,就是依据实际的具体情境而不断地修改、运用不同的伦理原则,情境应该摆在首位,伦理原则要根据具体情境的变化而变化。当下社会的情境瞬息万变,即使十分相似的情境也有可能存在本质的细微差异,过去被认为放之四海而皆准的道德原则不再适用于当下的社会。境遇伦理学根据具体情境决定道德选择,以道德相对主义作为其伦理学思潮的基础,被认为是"新道德革命"在西方国家的具体反映。[①]

(二)境遇伦理学的行为准则

弗莱彻除反对把传统的绝对道德原则作为伦理学的框架之外,还提出了四条境遇伦理学的实用原则,它们分别是实用主义、相对主义、实在论、人格至上论。这四条实用原则具有浓厚的人格主义色彩和实用主义色彩。弗莱彻根据此四条实用原则,进而制定了六个境遇伦理学的基本命题,组成境遇伦理学的

---

① 孙慕义、徐道喜、邵永生:《新生命伦理学》,南京:东南大学出版社,2003年,第12页。

行为准则系统。这六个基本命题分别是:
    a. 爱是永恒的善;
    b. 爱是唯一的规范;
    c. 爱与公正等同;
    d. 爱不是喜欢;
    e. 爱可以证明手段的正当;
    f. 爱要此时此地作出判断。

弗莱彻的境遇伦理学是当代西方伦理道德的典型,它反映了西方伦理思想在当下科技社会中的发展。自 20 世纪六七十年代以后,西方伦理思想呈现出越来越明显的道德相对主义、人道主义、实用主义的倾向,与世俗生活联系越来越密切,特别是当代的生命伦理问题(如安乐死)、性伦理问题(如同性恋)、医学伦理问题(如堕胎)、家庭伦理问题(如人工授精、代孕母亲)。而境遇伦理学将生命伦理问题的讨论带入具体情境之中,并且以爱作为总的道德原则,对于解决道德两难具有启发意义。

四、功利主义思潮

(一)功利主义原则

功利主义又称为后果论,是根据行为的结果来判断行为正当与否的伦理学理论。虽然功利主义者一致认为,应该以结果的利益最大化作为道德判断的标准和原则,但是对于最大化哪一种价值则存在分歧。边沁和密尔认为,应该根据快乐、幸福来理解功利,因为人类的所有行为无不是为了追求幸福而实施的。然而到了近代,许多功利主义者认为,并非因为幸福而具有道德价值,而是应当根据行为本身产生的所有内在价值之和来评估最大利益。

功利主义的道德原则给生命伦理学注入了新的力量。首先,功利主义强调行动的功利效用,要求人们在采取行动之前要考虑行动后果的利益的最大化。而长期以来,医学道德往往强调人道主义的义务论原则,强调医生对于病患的"应该",从而忽视了医疗行为的后果,而功利主义在医疗保健领域的运用,使得医疗保健人员在医疗保健行为中更加关注行为的后果,这无疑对医疗保健产生了积极的作用。其次,功利主义强调要用客观的利益效果来评判一个行为的善恶,这有利于培养医疗保健人员的效率观念和分析成本-收益的意识。与此同时,功利主义对于制定相关政策也具有重要的作用,功利主义要求对诸个体的利益作出客观性评价，使各方的利益最大化，从而不偏不倚地进行决断，这在公共政策中被认为是一种规范。

（二）行为功利主义和规则功利主义

功利主义分为行为功利主义和规则功利主义，这两者都以功利原则（即最大多数人的最大利益）为判断的标准。而它们争论的焦点是，功利原则与具体情境中的具体行为有关，还是与判断行为正确与否的规则有关。规则功利主义关心的是采用某些规则所导致的后果，而行为功利主义不考虑这一点，跳过规则直接用功利原则对行为进行评判。对于行为功利主义，道德规范对于人们行为的指导是有用的，但是如果这些道德规范不能在具体情境中增加利益，那么这些道德规范就应该被舍弃。规则功利主义与此相反，认为行为必须符合某一道德规范才能使行为具有正当性，即使在某一具体情境遵守某道德规范不能使利益最大化，这个道德规范也不能被舍弃。

规则功利主义之所以坚持不能舍弃即使不能做到利益最大化的一些道德规范，因为他们认为普遍地遵守道德规范是对社会有利的。因此，即使在一些棘手的困境中，规则功利主义也不会舍弃道德规范，因为舍弃规范会破坏整个规则体系的完整性。而对于这一点，行为功利主义批判规范功利主义没有坚持功利原则的要求，即利益的最大化。他们认为，尽管为了保持信任而总是遵守诺言，但是如果违背诺言可以产生最大的利益效果，那么违背诺言也是可以接受的。规则功利主义和行为功利主义之争让我们看到，行为的道德价值是由规则和结果交互影响的结果，在生命伦理的实践中，纯粹以成本的多少和结果的收益来衡量行为的价值是不正当的，我们应该根据具体情境，以促进患者的福祉为目的，寻求道德规则与行为结果之间的平衡，表达对生命的充分尊重。

五、康德主义思潮

（一）康德的义务论

在现代医疗保健领域，有一种义务论的伦理思潮，与后果论相反，义务论不是根据行为的后果来判断行为的对错，而是根据行为本身的特点判断行为的对错。

义务论思潮起源于康德的义务论思想。康德认为，道德的基础应该是人的理性，而不是传统、习俗、情感、直觉或同情之类的因素。在他看来，人具有抵御欲望的理性力量，可以根据理性力量采取自由的行动。康德最重要的一个观点是，个体行为的道德价值完全根据个体行为所依据的行为准则是否在道德层面被接受来判断。正如康德所说，道德义务根源于意志采取行为所依据的规则，这个规则是论证行为是否具有道德正当性的正当理由。一个人采取的行为不仅要符合正当义务，而且必须为了正当义务。换言之，人的行为本身必须要具备道德价值，行为的动机必须是与他有意识地认识到的道德要求相一致。例如，如果一个项目负责人把健康风险告诉矿井作业员，仅仅是因为负责人害怕被起诉，而不是因为诚实的重要性，即使负责人行使了正确行为，也不会因为行使了正确行为而得到道德上的荣耀。如果人们行使正确行为不是为了道德义务，仅仅因为害怕或自私，那么他们就缺乏为义务而行动的良善意志。

有一个经典的例子可以说明康德是如何判断一个行为的道德价值的。甲急需一笔钱来应急，同时甲知道自己不可能借到这笔钱，除非他许诺在一个短暂期限内归还。但是短暂期限内他无法归还这笔钱。因此，为了借到这笔钱只有一个方法，那就是撒谎，即撒谎称自己在某一期限内归还款项。那么甲的行为准则就变为：需要借钱并许诺期限内归还，而实际上不归还。康德认为，甲的这种行为准则就不会成为一种绝对命令，凡不能成为绝对命令的准则就不具有道德属性。绝对命令是指一种普遍化的行为准则，撒谎显然是不能普遍化推广的。

（二）当代康德主义

当代义务论思潮，主要以下面几位伦理学学者为代表。

一个突出的代表人物是艾伦·多纳根（Alan Donegan），多纳根主要以康德的"人是目的而非手段"为基础，他的伦理的基本原则可以表达为：必须把每一个个体（自己及他人）当作理性动物来尊重。[①] 他认为，其他所有的道德规范必须以这一条基本原则作为根基。

第二个代表人物是约翰·罗尔斯（John Rawls），他不赞同功利主义伦理思想，而是试图用理性、平等、自主来建立伦理思想。他认为，关于财产、公正分配等至关重要的道德考虑并不是以功利主义的最大多数人的最大利益为基础的，而是以自律、自尊、个人价值等康德主义概念为基础的。[②] 任何认为个

[①] Alan Donagan, *The Theory of Morality*, Chicago: University of Chicago Press, 1977, pp. 63-66.

[②] John Rawls, *A Theory of Justice*, Boston: Harvard University Press, 1971, pp. 3-4, 27-31.

人自主权高于理性的道德原则都不被允许，任何行为必须符合理性的要求。①

除了多纳根和罗尔斯，还有罗伯特·诺齐克（Robert Nozick）、托马斯·内格尔（Thomas Nagel）、伯纳德·威廉姆斯（Bernard Willams）发展了康德的"人是目的而非手段"的绝对命令，提出了"义务论约束"理论。② 他们认为，不顾后果的行为是不被许可的，即使会产生可观的有益后果。比如，1945年4月到1947年7月，有一项涉及受试者的研究，该研究试图解决人类在何种情况下免于遭受钚辐射。研究者故意地把钚注射到美国三所大学附属医院的17名病人身上，目的是了解人体对钚的代谢率。然而研究者却没有预料到钚实验可能会有很高的风险，并且在漫长时期都有可能对受试者产生身体危害。在此案例中，研究者通过对少数人的实验，可能会实现较有价值的社会目的，例如，保护核工厂的工作人员，符合功利主义者的基本原则，即"最大多数人的最大利益"。但是义务论者坚决反对这种做法，他们认为，即使诸如此类的实验可能给数以万计的人带来利益的效果，但是研究者的行为本身在道德上就是错误的，他们违背了公正地对待每一个人的"义务论约束"。这些"义务论约束"为我们的行为设置了界限，即使有些行为能够带来有益后果。

"义务论约束"理论本质上属于消极义务，它只是细化人们不得不公正对他人做什么的原则，即使是为了有价值的目的，但它却没有细化人们为了他人应当实施什么行为的原则。比如，"义务论约束"理论只是告诉我们家庭成员窃取自己兄弟的遗产份额是不道德的，却没有告诉我们兄弟之间如何合理分配遗产。

"义务论约束"这一理论特别强调功利主义与义务论之间的分歧。功利主义的目的是要确定最大化的利益效果，而不管导致利益结果的行为在道德上是否被允许。为了权衡各方的利益，功利主义要求一种关于具体情境的外在的平等观点。对于功利主义，哪种行为导致的结果似乎并不重要，重要的是产生有益的结果。义务论则与此不同，它认为个体的诚信等因素与后果无关，它们具有独立的道德价值。比如一个癌症晚期患者长时间被病痛折磨，他请求医生对他执行安乐死，病人的家属也同意这么做。而医生也意识到，如果病人死了，病人家人的经济状况也会明显好转。义务论认为，即便如此，医生的职业角色

---

① John Rawls, *A Theory of Justice*, Boston: Harvard University Press, 1971, pp. 252, 256.
② 关于"义务论约束"理论，详见 Thomas Nagel, *The View from Nowhere*, New York: Oxford University Press, 1986. And Bernard Williams, *Ethics and the Limits of Philosophy*, Boston: Harvard University Press, 1985. And *Moral Luck Philosophy Paper*, Cambridge: Cambridge University Press, 1981.

和他的道德都不允许他对此病人执行安乐死。对于生命伦理来说，义务论捍卫了行为者内在道德法则的神圣性，强调了行为者的责任和使命，那就是对生命的敬畏和救死扶伤的职责。

当然，义务论的缺点也是很明显的，那就是它过于抽象化而没有具体内容。康德所赞同的理性、人性等概念并不能为一套具有确定具体内容的道德规范提供基础。要知道，我们生活在一个具体的社会中，每天解决的难题都是具体情境中的难题，而康德的抽象化的伦理原则并不能解决某一个体行为的问题，从抽象到具体之间没有简单直接的联结，这就导致了康德的伦理学对于人们日常生活的指导意义不大，他的伦理思想只是空泛的形式主义而缺乏识别具体义务的能力。这引发了人们对义务论在生命伦理中的实用性的进一步思考。

第三节 生命伦理学中的责任问题

在医疗保健领域，所有的讨论几乎都围绕着医疗保健系统的公平与正义展开，普通大众的视线也往往集中于此，从而忽视了医疗保健中的一个原则性的问题，那就是责任。以往对于责任的讨论往往集中在医务人员身上，认为医务人员的天职就是救死扶伤。这虽然没有错，但是在医疗保健领域中的责任问题不仅仅是医疗保健人员的，更是病患和社会的。但是以往对于医疗保健人员责任的强调却淡化了个人的责任及社会的责任，这显然是不对的。要知道，任何问题的产生并不仅仅是某一个具体环节的问题，而是一连串的多米诺骨牌效应，我们只强调某一环节的问题，并不能从根本上解决问题，虽然每个问题都有它自己的固有的问题。比如在现代社会生活的人，肺部往往有很多疾病，虽然医生具有医治这一疾病的天然职责，但是个体作为自己健康的责任人更应该注意生活方式，例如不吸烟、在空气质量不好时佩戴口罩等，从而起到预防的作用；而社会对于这种肺部发病更应该在舆论中予以提醒，制定出相关政策等。医疗保健领域有句话叫"预防疾病大于治愈疾病"，从这句话我们也能看出预防的责任的重要性，治愈某一疾病往往是医疗保健人员的责任，而对于疾病的预防，则个体和社会的责任更大。

因此，本节致力于讨论生命伦理学中的责任问题。医疗保健中的责任一般分为三个方面，即个人对自身健康的责任、医疗保健人员的责任，以及社会的责任。讨论个人责任主要分析追求健康的一种个人的道德上的努力，指出道德责任的自由选择的各个方面以及对于健康的不负责任的决断；对医疗保健人员责任的探讨，则是基于医疗保健职业的本性、理想以及病患的特殊需要来分析医疗保健人员的责任；而社会责任主要从公共利益的角度出发，分析由个体组成的社群和作为社群成员的个体之间的利益关系，并且还探讨作为现代医疗保健的新型模式——医疗保健团队。

一、个人对健康的责任

（一）个体对健康的追求

对于一个人的健康的最主要的责任是基于个体，而不是某一个团体。这源于个体的健康特性。在医疗保健领域，最主要的伦理原则是尽最大可能地保护、维持一个人的健康。对于一个人来说，生命健康更多的是一个人的、私人化的东西，换言之，生命健康就是我的身体的东西。身体由于它的物质性，它受制于时空限制，它自始至终属于我，它是我的一部分，并且不能由任何人取代。他人可以和我分享同一个房间、同一张桌子、同一张床，但却不能分享我的身体。这是因为我的身体是我自己独有的，同样它也是我来到这个世界之后人格的居所。

我的身体具有主体性，这不仅是因为我占有它并且意识到它属于我，更是因为身体本身就具有不可传递性，任何他人都不能进入我的身体。我的身体发生的很多事情甚至对于我来说都是隐藏的，即使我意识到自己的身体发生了某些变化，我也很难把它表达出来。有趣的是，我的身体的感受是那么真实，同样也是那样模糊，模糊到我无法用语言精确地说明它。我也是我身体感受的最终的法官。当医学的检测认为我的身体没有异样，而我的感受却不好的时候，那么我的身体可能真的出了问题。

甚至我的疾病都有可能是我想象出来的，从心理层面讲它也同样真实，因为它有可能是一种心理疾病。从一个更高的伦理的、精神的层面来看，健康依赖于个体的良知，或者称之为精神的洞察力。[1] 因此，除了我之外，没有任何人能做出我是否健康的判断。这种主观性不仅适用于诊断，也适用于治疗。心理咨询师经常提醒他的患者，除了你自己之外，没有任何人能够帮你。

---

[1] Benedict M. Ashley and Kevin D. O'Rourke, *Ethics of Health Care: An Introduction Textbook*, Washington: Georgetown University Press, 1994, p. 55.

治愈是发生在机体中的过程,对于一个生命垂危的病患来说,他可能无意识地或者完全消极地对待手术、药物治疗、注射等,因此这些治疗也很少能帮助他们。对于很多病患来说,康复期则是一个积极的过程,因为有些事是需要病患自己积极地完成。没有任何医生和护士可以让一个消极对待治疗的人服用药片、坚持一种良好的生活方式甚至是必要的休息和锻炼。

从一种深远的角度来说,对生命、健康的意志是所有治疗的基本要素,这就是说,生命意志是智慧的,是对健康方式的现实探索。很多医生、护士都认为,病患在面对疾病时的勇气是恢复健康的关键性因素。

因此,不论是预防疾病、保持一种最佳的健康状态、从疾病中康复,还是从一种致残性的创伤中恢复,病患都需要对生命和健康作出许诺,人们对生命的许诺可以战胜死亡。

(二) 预防医学与生活方式

个人对于健康的责任通常被认为是"生病了去看医生",但这仅仅是一个方面而已。希波克拉底誓言指出,"regimen, medicine, and surgery",而regimen 就是指一个人关于饮食、休息、锻炼的生活方式。当代的医疗技术更多地强调医疗的治愈方面,而不是预防方面。或许将来可以把对医院(即治疗)的强调变为对家庭(即生活方式)的强调,即教导大家如何改善自己的生活方式、保护健康。

当代一些人的生活方式,如果按照身体和心理的标准,似乎是在培养一种极度不健康的身体。首先,现代生活往往使人们没有充足时间去休息,不仅仅是指没有充足的睡眠时间,而且也是指人们拥有了太多的压力。在机器释放人们的双手的时代,人们似乎应该拥有更多闲暇才对,但是"机器的释放"却被另一种城市的生活方式所填充,人们每天需要花几个小时的通勤时间在上班的途中。虽然人们无法逃避这种城市生活,但是人们可以在其中做出选择,选择一种更加简单的、更加符合自然规律的生活方式。高压的生活方式可以让人们上瘾,奴役人们去追求一种强烈的快感和麻醉,以此来逃避生活中的痛苦;它就像毒品、香烟、酒精一样,以一种温和的方式慢慢侵蚀着人们的物质层面与精神层面。

人们除了改变有害的生活方式之外,适当的体育锻炼也是必不可少的。现代人更多的是通过电视去看而不是去体育场上亲身体验。体育运动需要人们的高投入,也需要对相关知识的学习、好的饮食习惯、充足的休息、适当锻炼的规划,但是这些都不是强加的,而是人们根据自身的状况和需要来制定。想要获得健康，人们就要在生活方式中表达他们的"个性"，而不是对余生的顺从。

（三）培养一种"结构良好的良心"（well-formed conscience）

现代医学实践一般包含两个方面，即技术判断和伦理判断。医疗保健人员不仅要问"可以做什么"，还要问"应该做什么"。过去那种医疗保健人员对病患的医疗方案的自主决策，在现代社会似乎已经行不通。医疗保健人员在医疗技术方面具有专业的知识并不意味着他们在使用专业技术方面也是专家，因为对于技术的使用往往涉及社会、伦理、政策、病患的决策权等道德价值因素。

因此，病患在寻求医生帮助的时候，并不意味着病患授权医生做出关于病患健康问题的所有决策，即使医生认为这些决策对于病患是好的。但是从另一角度来讲，病患自己又很少有能力做出关于他们医疗方面的最佳决策，除非给予他们关于医疗方案的充足信息。所以，在医疗保健领域便出现了一个两难的困境，即谁能凭借道德准则和医疗方案两方面的知识来做决断。这一困境便引出了关于发展一种"结构良好的良知"（well-formed conscience）[①]的讨论。

本尼迪克特·阿什利（Benedict M. Ashley）和凯文·鲁克尔（Kevin D. O'Rourke）认为，当面临具体的伦理决断的时候，每一个心智健全的个体都有责任和能力去进行判断，并且依据自己的判断来行动。这一责任不能委托给任何其他人或任何机构，不能委托给习俗、法律或顾问，甚至不能委托给国家或宗教领袖。这种在涉及伦理问题上作出实际决断的能力称之为"良知"（conscience）。[②] 当人们在"以道德行为的客观标准为指导"做出有关医疗保健的个人决定时，人们有责任遵循"知情的良知"（informed conscience）。阿什利和鲁克尔认为，做到知情的良知，必须满足两点要求：第一，获得尽可能多的相关情况的信息，包括适用于此一情况的客观的道德标准；第二，根据自己了解的信息作出决断。[③] 有趣的是，人们做出错误决断往往也是源于这两点，或者是没有获得充足的信息就盲目下判断，或者是已经获得了充足的信息，但是良知却没有遵循它。

是否存在这样一种情况，即人们在做出决断之前掌握了所有相关信息，就

[①] "良好结构的良心"这一观点由 Benedict M. Ashley 和 Kevin D. O'Rourke 提出，详见 *Ethics of Health Care: An Introduction Textbook*, Washington: Georgetown University Press, 1994.

[②] Benedict M. Ashley and Kevin D. O'Rourke, *Ethics of Health Care: An Introduction Textbook*, Washington: Georgetown University Press, 1994, pp. 60-61.

[③] Benedict M. Ashley and Kevin D. O'Rourke, *Ethics of Health Care: An Introduction Textbook*, Washington: Georgetown University Press, 1994, p. 61.

意味着人们一定会采取某一必然的决断？如果答案是肯定的，那么将没有我们称之为"自由"的东西，因为一切决断不是源于人们的自由意志，而是源于信息是否充足。人的自由并不能简单地归为人们在外在力量的强迫下被解放出来，而是源于两个原因。首先，经常会存在达到同一目标的多种途径，有一些途径明显是不恰当的，而另一些途径是恰当的，而这些恰当的途径又具有各自的优缺点。因此，一些价值决断往往存在于两个或多个好的行动之间。其次，人们有可能重新考虑他们的目标并且根据更高的利益重新定义甚至改变他们。因此，道德总是涉及选择，而选择却不总是在清晰的好行为与坏行为之间，选择甚至会出现在不同程度的坏行为之间。

当一个人具备充分的知识和健全的理智时，似乎同样会做出错误的判断，因为在良知决断中不仅涉及知识和理智两个要素，同样也涉及意志，而意志常常被情感所支配。当我们的决断在道德上被允许时，仅仅意味着我们良善的意志（这种意志被一种健康的情感所支持）让我们内心跟随最优的信息和道德的洞见。一个知情的良知不仅需要法律知识和事实知识，而且它需要一个自制的或良善的情感，只有这样才能以一种整全的方式满足人们真正的需要。[1]

二、医疗保健人员的责任

（一）人性的职业概念

中世纪的职业分为神职人员、医生和律师，他们都是以顾问—客户之关系的形式出现的"个人职业"（person professions）。它们并不产生可供销售的商品或可供观赏的艺术品，而是致力于治愈、引导或在人生的某一危机中保护某些人。工业社会更好地塑造了职业，但同时也使得职业更加的"去人性化"（depersonalized）。职业已经不再集中于人们的欢乐，而是把焦点集中在一种非人性系统的生产力上；它们也不再寻求如何更好地促进人际的沟通，而是需求一种更有效的权利交换。

---

[1] 很多伦理学家在伦理决策或理性决策的层面上只强调理性在决策层面的重要性，认为情感在一个正确的决策中没有任何地位，因为情感是无常的、无规律可循的、难以琢磨的。但是阿什利和鲁克尔却认为情感在决策中占有重要地位，好的情感或坏的情感在一个决策中往往会起到关键作用。需要注意的是，阿什利和鲁克尔的情感在决策中的重要性并不是那种情感决定论。关于阿什利和鲁克尔的情感理论，详见他们的著作：*Ethics of Health Care：An Introduction Textbook*，Washington：Georgetown University Press，1994.

职业的缓慢的去人性化过程在当代社会已经完成，就如同工业社会自身似乎产生一种新的后工业社会一样。在后工业社会中，权利的源泉已经不再是经济所有权，而是知识以及知识间的交流。这种权利意味着专业人员在职业中将发挥更大作用。这些知识可以带来更大的社会一致性以及对专业人员的依赖，也可以用来打开一种更加广阔的、让所有人都能真正参与其中的系统。不论发生这两种情况的哪一种，职业都将被彻底重构。[1]

专业人员是否会成为那种把他们掌握的技术延伸至行为控制的技术官僚？或者，他们会成为帮助他人超越技术体系的去人性化的人？如果专业人员成为第二种人，那么这些职业必须再次成为人性化的。它们必须被重新塑造，以消除它们在工业社会中遭受的三重人格解体：顾客、职业、顾客—专业人员关系。

在医学保健领域，病患已经被激增的专业化去人格化了，他们不再被当作一个复杂的有机体来看待，而是被当作一个器官的集合体。部分被治愈了，而不是作为整体的具有人格的人被治愈了，那种使人具有整全性的治愈之意义消失了。职业本身由于一种消失了的身份认同而被去人格化。

"职业"（profession）这一术语在当今社会更多应用于一些有声望的职业（occupation），因为它（profession）具有一种理想的气质，它是一种象征，而非一种现实。除此之外，社会学家花了大量时间发展出了一种关于"职业"的经验主义的定义。罗伯特·默顿（Robert Merton）言简意赅地说明了一种职业的社会价值。他认为，首先是知识，这种价值基于系统的知识和智慧；其次是能力，这种价值基于技艺的训练和娴熟；最后是帮助，此一价值基于把知识和技术结合起来并用于帮助他人。

而对职业的定义，W. 亨特·摩尔（W. Hunt Moore）和杰拉德·罗森布鲁姆（Gerald Rosenblum）用了一种更为宽泛的方式，认为职业必须满足以下六条操作性属性：

a. 职业必须是全职的；

b. 专业人员必须具有使命感，即必须把职业作为一套持久的规范和行为预期；

c. 专业人员必须通过各种标志和符号与普通人区分开来，并与他们的同龄人——通常是在正式的组织中——进行识别；

---

[1] Benedict M. Ashley and Kevin D. O'Rourke, *Ethics of Health Care: An Introduction Textbook*, Washington: Georgetown University Press, 1994, pp. 73-74.

d. 专业人员必须通过专门化教育掌握专业的知识与技能；

e. 专业人员必须以服务为导向，以便了解病患与其能力的需求；

f. 专业人员在运用专业知识和技能时，必须有自主判断的能力，以及受责任约束的权威。①

(二) 专业沟通

在医疗保健领域，就像其他所有的职业关系一样，医疗保健人员与病患之间的充分的沟通是一项最基本的伦理要求。尽管在医疗模式中沟通的机会被大大地限制了，但是它仍然是至关重要的。在这种沟通被限制了的医疗模式中，医生和护士的职责是什么？

医疗保健专业人员首要的责任就是倾听病患的倾诉。然而往往是，病患在向医疗保健人员倾诉他们的恐惧、幻想、逃避、悲伤甚至哭泣的时候，医生往往集中于从这些信息中过滤出医疗上比较重要的信息，而忽视了这些情绪带给病患的影响。工作繁重的医疗保健人员往往不会坐下来花很长时间倾听病患漫无目的的"演讲"。但是医疗保健人员需要记住的是，"媒介即信息"，病患愿意沟通或者不愿意沟通都暗含着某些重要的信号。

因此，不论医疗保健人员工作多么繁重，他们都有责任掌握医学对话的艺术，通过医学对话，他们可以帮助病患说出他们想说的话。医学对话的第一条原则就是，医疗保健人员需要把他听到的、认为是重要的信息重复给病患，并询问病患表达的是不是这个意思。这么做不仅是为了安抚病患，也是在逐渐训练病患给出相关信息的倾向。医学对话的第二条原则是，通过解释问题的目的，从而获得病患的合作，因为含义隐晦的问题常常会让人感到困惑。当然，医疗保健人员也有权利要求病患诚实、坦率。当病患试图隐瞒或欺骗的时候，医疗保健人员作为医患关系的一方，有权利明确并且直接地指出这种欺骗。然而，在绝大多数疾病中，心理因素如无意识的自欺、否定、困惑、痛苦等经常会破坏掉一种有效沟通方式，心理治疗师尤其需要处理一些患者无法公开交流的、令人困惑的问题。

医疗保健人员除非用同等的真诚对待他们的病患，否则他们不会从病患那里得到真诚。部分医疗保健人员缺乏坦率通常是出于对病患的关心，但也常常是部分医疗保健人员无意识的恐惧的结果。因此，我们有理由说，所有医疗保

---

① W. Hunt Moore and Gerald Rosenblum, *The Professions: Roles and Rules*, New York: Russell Sage Foundation, 1970, pp. 51—65.

健处境中的首要原则是，病人有权利说出事实的真相，然而医疗保健人员与之交流却是困难的。

（三）保密原则

除了真诚的沟通之外，医疗保健人员最需要做的，就是为病患保守秘密。在心理咨询和医疗保健这两个领域中，专业人员通过对病患病情的保密从而尊重病人的尊严，这在医疗领域无疑是最为重要的。病人有权说出他们健康状况的实情，因为他们对于自身的健康有主要的责任。他们也有权对和他们病情没有直接关系的其他方面保密。人类社会基于交流，然后如果互不信任，交流就成为不可能。如果弱势一方觉得他的隐私被侵犯，那么信任显然也是不存在的。因此，对于医疗保健人员就有了一项重大的责任，那就是维护病患对于医疗保健人员的信任，如果泄露了病人病情的隐私，那么就会给病患造成伤害。

但是，当他人询问病患病情的时候，医疗保健人员应该怎么办呢？这就取决于交流发生的具体情境而定。因此，如果一个无权询问患者病情的人，情境给出的任何答案都会是无意义的，所以在一个正常情境下给出的答案，不论对与错，在道德上都是无关紧要的。因此，医疗保健人员可以不说谎或不虚假地以任何方式回答或拒绝这些问题，以保护病患的隐私。当面对病患或病患监护人的提问的时候，坦率地说出真相是正确的，因为他们有权知道病情。对于病情，是隐瞒的回答还是如实的回答，这取决于提问者是否有权利知道这些信息。

然而病患在有权保护隐私和将这些隐私公布于众之间，很难有一条清晰的界限。这就需要医患合约尽可能地把这条界限清晰地表达出来。当医疗保健人员确信如此做对病患是最好的，他们就需要和法律顾问，或者医疗团队的其他人员讨论这一案例，并且医疗保健人员需要获得病患的知情同意权。绝大多数病患是允许他们私人信息在医疗方案中被讨论的，但是他们也应当有机会随时限制这种个人信息的应用。然而，一个最为困难的问题是，尤其在流行病的研究中，医学研究者需要获取病患病情的记录，即使在这种情况下，病患也应当有权防止自己病情的信息被公之于众。

然而，保密权虽然神圣，但也受到其他人的权利和个人有限的自我处置权的限制。当病患以某种行为直接伤害到他自身、直接或间接伤害到其他人的时候，保密权就不再神圣，此时医疗保健人员就有责任把它公之于众。家庭和社会有义务防止对患者和公众造成伤害，因为每个人都是要捍卫公共利益的社区的成员。

(四）同侪关系（peer ralationships）与职业纪律

医疗保健人员之所以需要一个良好的人际关系，不仅是因为他们对病患提供医疗服务，还因为他们需要在医疗团队中与其他医疗保健人员进行合作。领导和责任问题、共同决策的制定和实施决策中的合作、充分的沟通和相互间的支持，不仅在精神层面是重要的，在伦理层面更是具有深远意义。

在医疗保健领域，相互间的责任问题是至关重要的。如果医疗保健人员没有足够关心彼此及其共同事业，以兄弟般和人道的方式接受维持集团标准的痛苦任务，那么他们就无法希望个性化的医疗保健。

多起医疗事故诉讼证明了提高同侪关系和医疗保健人员之间的沟通的必要性。医疗事故诉讼一般源于如下几个事实。首先，源于医疗保健人员与病患之间缺乏沟通，从而导致病患不充分的知情同意；其次，源于医疗保健人员对病患的抱怨没有充分的关心，这使得病患产生一种挫败感；再次，源于病患之间的误传，即听信非医疗保健人员的话，对治疗的益处产生了不现实的期望；最后，源于公众越来越相信，消费者需要在一些傲慢自大、自私自利的专业人士面前为自己辩护。明显可以看出，前三个因素往往会使沟通变得不可能。

有两种相反的补救办法可以应对医疗事故的产生。第一种观点称为"同侪纪律"（peer discipline）[1]，它认为，在一个技术性很强的领域，除了同侪之外任何人都没有能力对该领域的某一行为进行评价，即使同在医学专业也不行。

一些评论者认为，同侪纪律不但在保护病人方面，甚至是在想要维持一种较高标准的医疗能力方面都是不可能的。他们认为，如果一个职业太过于关注自身的自主性，就会导致他们不会勤勉地约束自己的成员。因此，这些评论家坚信，约束一个职业首先必须关心那些在事故中受害的人或者被忽视的人。病患必须通过经济的、法律的、政策的手段来捍卫他们自身的权利。由于健康的首要责任必须由专业人员仅为其服务的每个人承担，因此要求医疗专业负责的最终权利必须掌握在该专业人员服务的人手中。这也是为什么医疗保健服务的使用者具有通过公共法律来规范该职业的最终决定权的基本权利。

医疗保健职业以及每个技术性很强的职业必须具有真正的但是被制约的自主性。当病患具有关于医疗保健方面的更多的知识的时候，他们就可以分辨什么是好的医疗保健，什么是不好的医疗保健。他们也更容易辨别出他们接受的

---

[1] Benedict M. Ashley and Kevin D. O'Rourke, *Ethics of Health Care: An Introduction Textbook*, Washington: Georgetown University Press, 1994, p. 87.

医疗服务对他们是否有更多的帮助。但是最后，病患的这种意识也会引起一些问题，因为在很多案例中仅仅具有判断是不充分的。病患可以质疑外科医生进行一场手术是否有必要，他们所能做的就是为他们的质疑找到一个确信的答案，或者是咨询其他专业人士。

因此，似乎一种令人满意的医疗保健职业的纪律系统必须结合"同侪纪律"（peer discipline）和"病患纪律"（consumer discipline）。[①] 医疗审查委员会必须包含两类人，一类是具备专业技能知识和经验的同专业的人员，即同侪；另一类是医疗保健服务的实际应用者，即病患（这一类还包括法律顾问在内）。只有这样，医疗保健人员才能更加关心他们的服务，而不是他们自己的私利。与此同时，还有一点也是至关重要的，那就是所有病患应该更容易获取自己病情的医疗信息，只要这样，病患才能知道并且捍卫自身的权利和利益。

三、社会对医疗保健的责任

（一）公共利益（common good）

公共利益就是指社会生活条件的总和，公民由此能够更加充分、容易地实现自身的完全。社会上大多数不公正都是由于将一些本来有权分享公共利益的人排除在外而导致的结果。古代奴隶制之所以被认为是邪恶的，因为它将为公共利益作出贡献的奴隶排除在共同利益之外，不允许他们分享公共利益给人们带来的物质利益和精神利益，比如自由、受教育的权利、参与政治的权利、受尊重的权利等。因此，公共利益的公平分配是社会正义的基本要求。

如何才能做到公平分配呢？马克思认为应该按照人们的实际需要进行分配。按需分配应用在医疗保健领域中再适合不过了。医疗保健中的分配原则不是按照人的价值进行分配，也不是基于人们的支付能力进行分配，而是按照人们的实际需要进行分配，因为穷困潦倒的人在社会当中往往被忽视。从这种意义上讲，医疗保健是一种权利，所有人的健康都有被照顾到的权利。然而，社会压迫往往是疾病的主要来源——压迫往往来自追逐社会利益的富裕成员。因此，任何健康计划都应该首先考虑那些因贫困、疾病、身体缺陷、年龄（未出生或老年人）而无助的人。

[①] Benedict M. Ashley and Kevin D. O'Rourke, *Ethics of Health Care: An Introduction Textbook*, Washington: Georgetown University Press, 1994, p. 87.

所有人也应该根据自己的能力为此健康计划作出贡献。因此，医疗保健的社会责任首先应该落在那些有能力自愈的人身上，如医疗保健人员。其次落在那些有能力支付的人身上，就是那些从社会得到最大利益的人。他们往往声称自己的财富仅仅是通过自己的努力得到的，但这显然是荒谬的。虽然他们努力工作，但是如果没有他们所属的社会的存在，他们也就不能够在社会创造财富。他们对公共利益的"债务"与他们从公共利益中得到的好处成正比。

（二）辅助性原则（subsidiarity）

从共同利益的概念出发，辅助性原则便合乎逻辑地产生。辅助性原则意味着满足人类需求的首要责任在于自由和有能力的个人，然后是当地群体。当下级单位不能承担时，或者当下级单位忽视承担时，社群中的高层级必须承担这一责任。上级绝不应满足于仅仅承担责任，同时必须努力将责任推回给下级。许多社会改革的主要反对意见是，它们没有提供这种渐进的权力下放。

一个有机的社群应该包含许多相互依存的功能。因此，在做社会决策的时候，决策应该尽可能地和决策施予团体以及真正经历了某些实际问题的人群保持紧密联系。只有通过这种方式，社会中的少数成员的尊严才能够得到承认，他们的利益才能得到有效的关注。

辅助性原则要求我们分享决策制定权，不仅是纵向的分享（即一级一级的下放），而且也是横向的分享（即不同功能团体之间的分享）。一个社会中的每个人都与他有基本需求的尽可能多的功能性机构有关。政府的作用是协调并鼓励社会不同部门间的全面发展，而不是剥夺各部门的决策制定权。

（三）医疗保健团队

随着现代医学的高度专业化，寻求医疗帮助的人必须相信他们不再属于某一个医生，而是属于某一个医疗团队。医疗团队不仅包括给予治疗的医生，还包括护士和社会工作者，这三类专业人员与病患之间都存在着互惠的伦理责任。为了完成这些伦理责任，我们就有必要讨论医疗团队成员之间的新的关系模式。

在过去的年代，治愈病患的主要决策者是执业医生，因此，如果没有执业医生的许可，对病患的进一步治疗就是不可能的。而如今，随着医疗专业化的发展，执业医生作为一名一般医生的概念已经发生了巨大的变化。1950年，私人执业医生中只有36%的人是专家，而到了1986年，这一比率上涨到了70%。[①] 全科医生作为初级保健人员的迅速衰落，使患者失去了由长期了解患者家庭背景的人来评估其健康问题的优势，他们认为患者是一个具有连续传记的整体。

或许，解决这一问题的关键就是更好地了解护士在照顾患者过程中所扮演的角色。起初，护士在照顾患者过程中是给予患者最多关心并且持续地与患者保持沟通的一类人。因此，作为以患者为中心的医疗保健领域，应该强调护士在医疗保健中的角色，护士的角色不应局限于打针、喂药。

然而，当代医疗保健中护士却有着其他巨大的负担。她们往往要花费大量的时间和精力在"日常家务"上面，比如为患者铺床、举托盘等，这些琐碎的日常家务应该由助工来完成，只有这样，才能释放护士的双手，以便更好地关心病人、了解病人的情感以及诉求。

在如今的环境下，随着护理教育的发展，有能力的护士寻求行政岗位和教学职位，作为他们发展的唯一道路。然而，如果护理成为医疗保健领域的真正焦点，那么他们就会发现护理本身更加有趣。因此，与患者直接接触的护士角色被视为初级护理，是医疗保健团队团结的直接源泉。然后，指定给特定患者的护士将成为负责患者的权威，他们可以帮助患者利用卫生团队提供所有的资源。

除了加强护士在医疗保健领域的作用之外，社会工作者的作用也显得尤为重要。医疗或精神科社会工作者经常在医疗保健领域执行着个性化的调停功能。医疗保健行业的社会学方面的研究已经让人们相信社会维度在治愈疾病方面的重要作用。因此，在社会过程中受过训练的社会工作者加入医疗保健团队对于疾病的治愈是有帮助的。社会工作者在访问患者的时候发现，民族文化、经济地位和家庭结构等社会因素都会影响到对于疾病的治愈。通常情况下，社会工作者会帮助病人了解他们自身的法律权利，求助公共财政援助的机会以及和疾病相关的问题等。社会工作者也扮演着病人和家属之间联系的角色。最后，社会工作者可以帮助病患重新进入社会生活。

社会工作者主要关注处于正常生活模式的患者，护士则关注正在经历疾病和康复的患者。因此，这两个角色联系密切，共同构成了严格意义上的初级保健，直接关系到患者本人。医生的角色由于能够精确地诊断病情、治愈疾病和

---

① Benedict M. Ashley and Kevin D. O'Rourke, *Ethics of Health Care: An Introduction Textbook*, Washington: Georgetown University Press, 1994, p. 102.

预防疾病，从而具有更多的专业性。

　　根据以上对三种角色的分析，似乎我们可以得出一个结论，在现代医疗保健领域中，执业医生已经不再是关于病患的唯一决策者。病患具有最终决策权，护士和了解病患家庭、生活状况的社会工作者处于帮助病患决策的第一层次；基础保健医生则处于第二层次；第三层次的则是各类专家医生。

第六章　科技伦理学

放眼古今中外，人类社会的每一项进步，都内含着科学技术的发力，尤其是现代科技的突飞猛进，为社会生产力发展和人类的文明开辟了更为广阔的空间，有力地推动了经济和社会的发展。科学和技术可以算是现代人类社会最强大的推动力量，但在过去很长一段时间内，科学和技术并没有在哲学和伦理学中占据重要地位。直到工业革命进程以后，科学的急速发展以及技术化所带来的大规模效应使得哲学家们开始反思技术在社会发展过程中的特殊地位，如马克思将技术置于经济发展和劳动的框架之中并提出科学技术为人类服务的科技道德原则，阿尔诺德·格伦从哲学人类学的角度把"技术"理解为人从不利于生存的周围环境寻求豁免的关键，马丁·海德格尔等人则从社会和文化批评的视角对"技术"进行解读和探讨。然而，近代哲学界对科学和技术的反思具有强烈的抽象化、本质论倾向，对技术的讨论也只限于抽象地看待"技术"与历史或人性的关系，而非针对某个技术问题本身进行考察辨析。随着科学技术的不断进步与延伸，特别是在第二次世界大战以后，单纯地讨论"技术"概念已无法满足人们对"技术价值中性"这一观点的厌恶与批判，人们逐渐认识到，在如何认识科学技术的重要性以及如何管理规划技术的发展方向上出现了大量的新问题，从事科学研究以及技术开发的工程师开始反思技术的道德含义以及自身的"责任"意识，从而开启了广泛探讨科学和技术行为的伦理学思潮。

作为当代应用伦理学的热门领域，科技伦理学（ethics of science and technology）具有强烈的理论意义和现实性意义。科技伦理之所以凸显为当代最紧迫最重要的应用伦理学课题，首先在于现代科技活动本身所引发或可能引发的伦理道德问题不仅直接关乎一般应用伦理学问题，而且关乎人类自身文明的价值导向和某些难以确定的社会风险，其复杂性和风险度都远超以往任何时候的科技伦理。现代科技进步的一个主要特点就是，社会不断创造并产出新的具体的成果，以及对未来的设想和潜在的可能性，新事物的产生往往伴随着多领域、多层次的人类协作与分工，然后快速融入社会并为社会提供某种程度上的改变。但技术的进步并非仅带来社会进步的后果,相反,技术的进步总是不断地引发巨大的社会争议,人们意识到技术的伦理意义不是以获得某个特殊实践领域具体的责任规范为目的,而是着眼于人与社会的未来,是对人、技术和自然世界三者关系的价值取向和自我定位。

鉴于科技伦理学复杂的内涵和研究意义,科技伦理思想的演进就成了理解当代伦理思潮的重要部分。本章将根据科技伦理思想的内在逻辑和历史演变,从科技伦理学的思想背景出发过渡到科技伦理的重要概念,再逐步展开对具有代表性的当代科技伦理思想的探讨,从而说明科技伦理思想在当代社会中的重要价值,为当代西方伦理思潮的理论框架提供一个重要的组成部分,同时形成一条独特的逻辑主线,系统地反思西方伦理思想史。

第一节 科技伦理学产生的思想背景

科学技术的发展带动了对自然和社会的深刻改造,大大加深了人们对人与人、人与自然以及人与社会之间关系的复杂性、关联性的认识,并向人们提出了许许多多伦理道德方面的新要求、新课题。对于大多数人来说,科学技术的发展带来的不仅仅是生活上的改变,而且在意识形态和道德实践上对人们的传统伦理道德发起了冲击和挑战。

科学和技术的进步扩展了人类行动的可能性,人类行动的影响对象从早期的个体及地域蔓延至人类群体及整个生存领域。从人类整体历史脉络来看,科学和技术的进步始终是伴随着人类社会发展的一条隐线,起到支撑社会发展框架的作用。但在人类社会早期的科学起步阶段,人们对技术的使用仅限于个体参与的直接性,囿于人类社会的发展步伐,科学和技术的影响对象也在很大程度上仅限于人类社会内部。伴随着科学和技术在近代的快速发展,此前人类无法做到的事情,包括但不限于被认为是无法改变的大自然以及人类的繁衍,如今则成为技术可以干预、影响甚至改变的对象,从而使人类生存条件的范围得以扩大,也就是说人们在更大程度上能够在整个生存领域进行更多选择,人类对大自然的依赖不断弱化。但相对应的是,随着可选性的增加,人们面对着更多的可能性以及选择压力,也就意味着更大程度的风险。科学和技术的进步常常引起这样或那样的争议,对未来的向往与对现实稳定的渴望形成心理差异,积极乐观的情绪与消极悲观的情绪,让人们使用科学技术时形成不同的态度与做法，人们在社会进步思想的影响下不断地扩张科学和技术的使用空间，最终不得不面对过度使用技术的危害，如技术社会设施的事故（切尔诺贝利、博帕尔、福岛）、自然环境的改变（空气和水源污染、臭氧层空洞、气候变化）以及核武器等战争武器对整个人类社会的负面影响，等等。

不断加深对技术进步的双重性认识是科技伦理思想诞生的前提。伴随着人们对技术进步所带来的后果的经验与感受，人们开始反思技术在进步主义历史观中的特殊地位以及它的限度，技术成为了哲学和伦理视角下具有双重性质的范畴。一方面，技术作为哲学的命题范畴在西方哲学的论述中开始逐渐摆脱实践的受轻视的身份。与被称为"理论"的对真实知识的精神探索相比，早期的技术概念是与某种程度上的手工业有关的，正如柏拉图在《政治家篇》中就曾经说过，没有一个有理性的人会为了织物的构造而去研究织物的构造（见285d）。同理，与具体技术相关联的技术哲学在古希腊似乎是没有继续思考价值的，但技术可以作为解释困难的理论问题的模式来实践。也就是说，"技术"的概念成了人的手工活动的形而上范畴，并承担着追求理性并制作出符合理性能力的产品的任务。但在文艺复兴之后，越来越多的人类学家开始注意到技术在人类文明进步中的特殊作用，文明进步之所以成为必要，是基于人的身体有明显缺陷的原因，而技术的制成品恰恰是人在生存环境中得以脱颖而出的必要条件，这就使得技术与人的行为能力以及生存境遇产生直接的关联，至此，"技术"成了哲学家不能再对之视而不见的重要领域。另一方面，技术作为人类技术行为具有重要的伦理学意义。正如汉斯·约纳斯所说："技术是人的权力的表现，是行动的一种形式，一切人类行动都受道德的检验。"[1] 技术作为人类的行为权利，它可以被人用来做有益于善的事并成为真正的"有灵魂的手"，也可以被人用伦理规范进行约束，而作为一把"双刃剑"的现代技术则需要一场现代化的伦理学批判。

因此，对现代技术进行伦理学反思就意味着，如何在更宽阔的人类行动领域做出更负责任、更规范的行为选择，这是科技伦理学试图解决的难题。

---

[1] 〔德〕汉斯·约纳斯：《技术、医学与伦理学：责任原理的实践》，张荣译，上海：上海译文出版社，2008年，第24页。

一、技术批判与曼哈顿工程

（一）技术怀疑与技术批判

早在19世纪30年代，德国就已经开始了对技术乃至整个机器行业的批判，这既是理性批判的延续，也是对旧生活自然传统结构的新的诠释。自1830年英国论战进入德国以及旅行家们对英国工厂情况的游记公开之后，工业批判在德国如火如荼地开展起来。早期工业批判的矛头具有多重含义，并未完全指向科学和技术本身，而是对人与社会、自然环境的整体性反思。诸如，针对城市的变化、风景的破坏、丑陋的工厂、杂乱无序的城市建设，以及对充斥着毫无美感的产品链条的商品世界所进行的审美批判；针对大工业时代被剥夺了自主权的劳动者的地位下降和非人道化的人类学批判；针对以工厂主和工人之间新型的雇佣关系，旧的社会关系被破坏和社会大众阶层的贫困化为中心的社会批判；来自生产者的针对过于廉价、品质低劣，用近乎非人道的方式匿名、分工和"非手工"生产出来的商品的经济批判；针对有工资收入却失去社会根基的工业工人"堕落"的道德批判；技术化最初的负面环境后果引发的生态环境批判，等等。这种早期的工业批判来自浪漫主义学派对开始阶段的机器化批判，其深意是一种社会维护和对启蒙运动持怀疑态度的批判，也是对工业化社会变革的自然抵抗。

工业技术在人类社会的大规模应用既增加了人们对历史进步主义的信心，同时也使得人们在传统社会和现代性之间产生了强烈的割裂感。正如约翰·沃尔夫冈·冯·歌德在《威廉·迈斯特》第二稿中所说："占据了上风的机器业折磨着我，使我感到恐惧，它就像暴风雨一样席卷而来，慢慢地，慢慢地；但是，它的方向已定，朝这边过来击中目标……人们想着它，议论它，但无论是想着还是议论都无可奈何"，① 工业时代的人们面对机器行业最初的敏感反应并不是完全的对未来的惊喜，而是充斥着无奈的叹息。至19世纪中期，市面上出现了大量的社会批判文章及其论著，讨论的重心并非"技术"概念，而是作为"社会问题"的生产资料的技术化和工业化，即技术化和工业化引起的工人阶级的贫困化和道德蜕化。

---

① （德）歌德著，《威廉·迈斯特的漫游年代》，张荣昌译，北京：华夏人民出版社，2008年，第328页。

在早期的技术批判理论中，由于技术概念的不明确，人们对技术和工业的敌视态度的表现形式非常广泛，从出于文学或新闻学的角度进行的理论批判，到造成财产破坏和人员伤亡的暴力冲突，以及从怀疑否定，到地区性内战式的冲突事件。这是由于技术在工业化进程中天然的资本化倾向，无产阶级往往饱受苦难并承担着穷困和反抗的形象，因此对技术的怀疑常常伴随着对"技术后果"进行抗议的社会运动。其中，以破坏机器为手段反对工厂主压迫和剥削的英国工人卢德运动是技术批判运动的典型事件，在卢德运动中，与机器业乃至整个工业技术相比，工人尤其是手工业者被动地承担着"历史的弱者"这一身份，最终爆发出对这一压迫的暴力抗议。虽然在近代文学作品中，以暴力抗议为特征的技术批判运动被解析为对技术和现代化的目光短浅的敌视行为，但以卢德运动为代表的技术怀疑者所隐含的对技术的批判，时至今日，仍然是技术哲学的重要组成部分。[①]

对技术持批评态度的技术批判理论构成了技术哲学理论的重要组成部分。赫伯特·马尔库塞（Herbert Marcuse，1898—1972）认为，由于科学技术的迅猛发展，导致当代资本主义发达工业社会的矛盾表现出新形态。他指出，科学技术成了价值与剩余价值的唯一源泉，由于科学技术进步带来了社会生产方式的巨大变革，社会生产率不再由人的劳动效率来决定，而是由机器所决定，因而，科学技术成为资本主义发达工业社会条件下的首要生产力；同时，科学技术加剧了异化的程度，在资本主义发达工业社会环境下，由于人和人、人和社会、人和自然之间的关系都变成了单一的技术关系，因而产生了全面的异化。

师从马尔库塞的当代美国技术哲学家安德鲁·芬伯格在其《技术批判理论中》指出："一个美好社会的目标应当是使人类充分实现他们的潜能。因此，质问现代社会的最重要的问题就是体现在占主导地位的技术规划中的对人类生活的理解是什么。我在这里认为，当前的技术规划限制了人类的发展。"[②] 在芬伯格看来，技术批判理论的特点是认为技术最终服从于人为的控制，可以通过对现存技术的批判来找寻到一种替代性的技术。

技术批判理论承认技术对人类造成的威胁，认为现代技术是一个具有压迫性的文化系统，这与实体理论是相似的。"在我们的技术选择中，我们才是其

[①] 陈红兵：《新卢德主义评析》，沈阳：东北大学出版社，2008年，第6页。
[②] 〔美〕安德鲁·芬伯格：《技术批判理论》，韩连庆、曹观法译，北京：北京大学出版社，2005年，第21页。

所是，这种选择还会影响到我们未来的选择，选择的行为是技术性的体现，不能被理解为工具理论所提倡的一种自由'使用'。"①

批判理论在对埃吕尔或海德格尔的宿命论的拒斥上与工具主义相同。文明的选择不是由技术固有的要旨所决定的，而会受到人类行为的影响。批判理论认为技术是一个漂浮在不同的可能性之间的发展上的"摇摆不定"（ambivalent）的过程，这种双重性并不意味着技术的中立性，不仅技术体系的使用中含有社会价值，而且技术体系的设计中也含有社会价值。这样，技术就不是一种天命，而是斗争的场所。芬伯格认为技术是"社会的战场"，或者比喻为一个文明的替代形式互相竞争的"事态的议会"（parliament of things）。

芬伯格对技术的批判具有明显的法兰克福学派特征，他跟随马尔库塞，从技术批判转向社会批判，只不过在转向的过程中采取了更符合当下境遇的叙述方法，认为不同的设计可以在技术自身领域的民主组织的基础上支撑一种更民主的社会。然而，这种技术政治学的技术设计处理方式在一些激进的技术批判者看来只能是隔靴搔痒，将技术后果问题倒置为技术设计问题，这并不能解决公众对有争议性的技术的焦虑与恐惧，表现为 NIMBY（"not in my back yard"邻避症候群）心理。20 世纪末，在美国又重新燃起了新的技术批判浪潮，即"新卢德主义"。1990 年 3 月，美国心理学家 C. 格兰蒂宁（Chellis Glendinning）在发表的《新卢德宣言》（Notes toward a Neo - Luddite Manifesto）中指出："新卢德主义"鼓励人们关注我们这个时代的全面的灾难。西方社会创造和扩散的技术已经失控，并导致对脆弱的地球生命系统的滥用。② 格兰蒂宁强调现代社会的人们面对技术失控的风险需要付出更为坚强的决心和勇气去反抗技术灾难，为使反抗有效且有意义，《新卢德宣言》指出我们需要在控制和消除技术的基础上建立一种新的思考方式，从而建构一种新的技术安全世界观。为了实现新的世界观，格兰蒂宁提出了三条基本原则：

第一，新卢德不反对技术。新卢德主义并非完全反抗抵制技术本身，技术本质上是人的创造物和文化，新卢德强调的是对从根本上破坏人类生活秩序的具体技术，并反对把技术看作是人类命运实现以及社会进步的关键。

第二，所有的技术都具有政治性。新卢德强调技术不是中性价值工具，从

---

① 〔美〕安德鲁·芬伯格：《技术批判理论》，韩连庆、曹观法译，北京：北京大学出版社，2005年，第 15 页。

② Chellis Glendinning, *Notes toward a Neo - Luddite Manifesto*, Edinburgh: Blackwell Publishing Ltd., 2003, p. 604.

社会历史来看，技术反映和服务于特定历史境遇中的特殊的权力利益集团，由技术社会创造的技术大多数情况下并非直接作用于普罗大众。技术趋向于创造一种僵硬的社会系统和组织结构，尤其在现代高度分工的社会之中，技术成为了人们无法直面其整体性、方向性的片状结构。

第三，个人的技术观是危险的、有限的。对技术的评价需要全面审视技术的社会背景、经济运转和政治意义，不仅要建构对技术的发展培养体系，还要正视技术对于人类未来的风险问题，不仅要从人类个体对技术的使用角度，还要考虑技术对其他生物、自然界以及人类后代的影响。[①]

一般认为，现代新卢德主义运动与反全球化运动、无政府原始主义、激进环境主义和深层生态学有关，然而本质上则是对技术持批评态度的整体性社会反思。不同于早期英国的卢德运动，新卢德主义的代表人物多是作家、政治学家、历史学家等知识分子，正如阿尔文·托夫勒在其《第三次浪潮》中所描述的："今天反对技术脱离控制的原因是不同的。它涉及一大群迅速增长的人群——绝不是贫困或者没有受过教育的人——他们并不是出于需要而反对技术，或者反对经济发展，但是他们认为这种不受限制的技术，将给人类和地球的生存带来威胁。"[②]

总之，自工业革命以来，科学和技术日益成为社会进步的重要力量，但在这不断向上攀登的阶梯上，有一部分人停下来开始观察和思考，他们提出要对技术的使用进行规范和反思。一部分人试图通过技术进行重新诠释以建构更合理更民主的社会秩序，从而对技术进行合理设计；另一部分人则试图通过发动反对有毒废料、生物技术、杀虫剂、汽车、动物实验、化学工业以及核武器核能等技术的活动，让更多人意识到在工业化和信息化的现代社会中对技术怀疑和批判的重要性。技术怀疑和技术批判是现代与后现代话语中对现代性的挑战和重建中的重要内容，这一内容也反映在技术的使用者对技术的反思中，即科学家、工程师等。

（二）曼哈顿工程

"我们所完成的是历史上有组织的科学活动所取得的最伟大的成就"，这句话出自美国总统哈里·杜鲁门于1945年8月6日发表的关于广岛原子弹事件

[①] Chellis Glendinning, *Notes toward a Neo-Luddite Manifesto*, Edinburgh: Blackwell Publishing Ltd., 2003, p. 604.

[②] 〔美〕阿尔文·托夫勒：《第三次浪潮》，朱志炎、潘琪、张焱译，北京：生活·读书·新知三联书店，1984年，第148页。

的声明，其中所指的科学活动是指西方国家于1942年6月开始的利用核裂变反应来研制原子弹的计划，亦称曼哈顿工程（Manhattan Project）。

曼哈顿工程是迄今为止规模最大并由国家资助的科技项目，近15万人参与到其中，大批诺贝尔奖获得者带领近千位科学家进行研究，最终目标是赶在战争结束以前造出原子弹。曼哈顿工程具有其特殊的历史背景，与迄今为止史无前例且计划周密的科研技术成果形成对照的是研发和使用原子弹所造成的政治后果和伦理学问题。

原子弹开启了关于科学责任讨论的大门。虽然关于科学技术安全的讨论早已有之，例如，在19世纪所构建的和工业时代新技术危险打交道的机构组织之中，德国的技术监督协会（TÜV：Technischer Überwachungsverein）就是著名的负责技术安全的核心机构。但技术监督协会的工作中最棘手和最富争议的部分就是对核能技术的监督，尤其是在科学家看到原子弹给人类社会带来的可怕后果之后，他们才感受到强烈的道德顾虑问题。曼哈顿工程领导者尤利乌斯·罗伯特·奥本海默（Julius Robert Oppenheimer）面对记者则坦言道："无论是指责、讽刺或赞扬，都不能使物理学家摆脱本能的内疚，因为他们知道，他们的这种知识本来不应当拿出来使用……物理学家们已经认识到了他们的罪孽。"[①]

科学家们在第二次世界大战和冷战初期通过亲身经历所得到的伦理思考则汇成了著名的三大科学家宣言，即《哥廷根宣言》《罗素——爱因斯坦宣言》、《迈瑙宣言》。三份宣言的宗旨和语气非常相似，都警告使用氢弹的核战争将给人类带来毁灭性的灾难，敦促各国政府放弃以武力作为实现政治目的手段，表达了科学家强烈的社会责任感。《哥廷根宣言》的签署者卡尔·弗里德里希·冯·魏茨泽克的文章《原子时代科学家的责任》的发表则标志着科学伦理学和技术伦理学进一步探讨的开始。他在文章中要求树立一种科学界的伦理学，其要义在于规划中的技术研制工作应该有人来掌握，人应当与各种不同的新型机器设备保持适当的距离，以确保人具有冷静和深思熟虑地放弃某些技术的潜在可能性的能力。《罗素——爱因斯坦宣言》则起源于罗素对原子弹和氢弹爆炸后的伦理反思，他意识到核战争将造成人类同归于尽的终局，并主动做出了"人之祸"的社会演讲，呼吁所有有良知的人，牢记自己的人性，忘掉其他东西。

---

① 〔德〕阿明·格伦瓦尔德：《技术伦理学手册》，吴宁译，北京：社会科学文献出版社，2017年，第93~100页。

曼哈顿工程使科学家们深刻意识到科学与技术作用于人类社会的风险问题以及他们的责任问题，这场关于科学责任的讨论至今仍在继续，并且已经扩大至整个科技领域，如同凹透镜一样聚焦在当代科技伦理学的焦点之上。

总之，曼哈顿工程引爆了近代以来人们对技术的怀疑和批判思潮，尤其是在原子弹和信息技术诞生之后，这场关于科学和技术的伦理学讨论已经迫在眉睫，由研制原子弹推动的这场讨论已经勾画了科技伦理学的一些根本性的原则问题：

怎么判定技术的伦理界域？谁应该对科学和技术的负面后果负责任？是使用者自己还是技术的开发者，抑或是整个社会？这一责任仅在特殊的（新的）技术和非技术的危险或后果显现出来时才具有吗？科学家和工程师的责任与协助处理技术使用时发生的社会和政治后果有关联吗？或者说，技术是否直接与人具有某种伦理意义上的联系呢？伦理学讨论也包括对经济的和非经济的目的和利益进行澄清吗？承担技术责任的含义是什么呢？科学家或工程师是否具有明确技术开发的风险认知的义务呢？这些问题我们都需要在科技伦理学中寻求一定的解释。

二、技术哲学与科技伦理

（一）技术哲学

技术与形而上学和伦理学这些重大议题相比看似只是轻描淡写地一笔带过，但技术本身仍然是哲学和伦理学中备受关注的重要范畴。

在古希腊哲学中，技术不同于"理论"，技术本身是与某种程度上受轻视的手工业相关的。亚里士多德在他的《尼各马可伦理学》开篇就人类的活动形式做了三种基本分类："每个艺术和每个理论看来都在追求某种财富，每个行动和每个决定亦是如此。"亚里士多德把与决定相关联的行动和技术能力做了泾渭分明的区分。一种是在狭义的实践目的上，目的存在于行为本身之中，也就是说行为就是目的本身；另一种则是技术能力的目的是要制作出一种产品，并以之为其他目的所用。在他看来，"技术"属于人的能力而非人的目的。[①]

在近代西方哲学中，卡尔·马克思和弗里德里希·恩格斯对社会结构及其

[①] 〔古希腊〕亚里士多德：《尼各马可伦理学》，廖申白译，北京：商务印书馆，2011年，第1~3页。

历史发展极为感兴趣，他们也高度重视"技术"现象。马克思和恩格斯所关心的主要是技术的社会功能和历史作用，他们并非针对技术本身，而是将其作为一个社会历史现象来进行分析。在马克思看来，技术作为劳动手段，在历史学层面是作为生产力的存在，而在经济学层面则是作为资本存在。当马克思把技术作为资本来进行分析的时候，他所关心的不是技术的使用个体，或者说是技术中已经物质化的目的和手段关系，而是关心它作为一种社会媒介，用特定的方式使不同的人彼此之间发生关系的社会层面的意义。而在他的技术哲学批判理论中则认为，劳动者不再是技术的主人，技术则成为劳动者的主人，这一观点在《资本论》中得到了界定：工人在技术上服从劳动资料的划一活动。马克思对这一现象的批判并非针对技术的载体（机器）而言，他并没有以此走上追究技术使用的道德责任之路，而是聚焦于技术使用的社会条件，从而从理论上揭穿资本主义条件的谎言。

20世纪上半叶还有一群人类学家对技术的理解有着不同的角度，即哲学人类学把技术视为人之成为人的媒介。以马克斯·舍勒、普莱斯纳、盖伦为代表的哲学人类学的方法论的核心是对动物与人的比较做出哲学解释，其目的是得出一种包含生物学在内的人的普遍性的特殊地位。根据哲学人类学的解释，人被理解为具有"向世界开放"特性从而获得在周围环境（自然环境）中抽身而出的可能性的特殊存在，而技术是从自然转化到人的目的的媒介。阿尔诺德·格伦把人视为生物学上有缺陷的存在，人所特有的"非专有性"特征促使人为了生存和弥补缺陷的目的进行行动，而行动时技术将无条件性自行出现。在他看来，人无外乎是一个技术的生物，倘若抛弃技术，他失去的将不仅是对自身负担的消除，而且是自身存在的基础。哲学人类学的观点因为其形而上特征而饱受诟病，但它将技术作为人类繁衍必要形式的辩论无疑是对技术进行伦理学思考的一大助力，理解人是技术的存在这一观点也有利于做出对因"技术改良"可能性的出现而引发的关于"人的自然本性之未来"讨论的技术伦理学思考。

从哲学的视角来看，技术可以从四个不同的角度进行考察：在个人或集体层面上，以及从自然主义或理想主义的视角。技术伦理学的出发点则是个人层面；技术社会学所研讨的是集体的技术使用问题；而从社会和政治角度对技术使用、技术规范的伦理问题的讨论则是这两者之间的连接处。

（二）科技伦理

一般说来，科技伦理是指科技创新活动中人与社会、人与自然、人与人关系和谐的思想与行为准则,它规定了科技工作者及其共同体应恪守的价值观念、社会责任和行为规范,与之相对应的科技伦理学则是作为一门交叉学科,实现了从哲学角度讨论关于技术的伦理学的转向。

科技伦理思想最早诞生于工业时代背景下技术工人的职业伦理反思,弗里德里希·德绍尔曾把技术的意义定义为"服务于他人",工程师的职责就是完成这一服务工作。20世纪70年代,在西方社会曾围绕着工程师的行业道德进行讨论,要求以一种伦理守则的形式确立出技术伦理规范,类似于医护行业的"希波克拉底誓言",在这一背景下,德国伦理学家汉斯·约纳斯在其著作《责任命令》中从哲学角度首次对技术伦理学诸问题作出阐释,提出了一种与传统和现代的各种伦理学截然不同的技术时代的责任伦理学,力图给科技时代的伦理提供一个本体论的解释。

在20世纪80年代以后,技术伦理思想在两个不同方向上蓬勃发展,即讨论职业特点的狭义的工程师伦理学以及讨论新技术及其后果的伦理学问题研究。其间,由于科学从根本上讲是现代技术的理论基础,人们从而达成了科学伦理学和技术伦理学的部分共识:科学和技术难以明确地区分开来,科学伦理学和技术伦理学具有相同的意义指向,亦可称之为科技伦理学。

科学和技术的进步深刻地影响着人类生存条件的上限,因此,科技伦理思想试图解决的问题就是由于科学和技术进步而必然出现的种种规范和原则的不明确问题。学术界一致认为,人类不断增长的行为能力,乃至技术对自然和社会,以及对人的身体和精神不断加深的干预和切入程度,都导致了伦理反思的责任和必要性的同步提高。正如汉斯·约纳斯所预见的,现代技术已然成为哲学的对象,这不仅仅是对工具使用问题的反思,而且是更本质性地对人的未来的反思,"一种对人类期望值的反思,对选择要决定的东西的反思,简言之,关于'人的形象'的反思,比尘世间的人的理性所苛求的反思更加紧迫而迫切了"[①]。

科技伦理思想所涉及的反思对象不只是技术本身,而是在同技术打交道的过程中,以及在科技进步过程中产生的那些规范和原则的不明确性问题,严格意义上讲,它不是技术的伦理学,而是对与技术打交道,以及对技术的后果和掌控的一种伦理反思。这种反思一方面是在人的具体的行为实践中得以进行;另一方面则是在当前和未来人类发展过程中,以及在自然和技术、人与技术的

---

① 〔德〕汉斯·约纳斯:《技术、医学与伦理学:责任原理的实践》,张荣译,上海:上海译文出版社,2008年,第4页。

关系变化之中对技术所进行的整体性反思。德国技术伦理学家阿明·格伦瓦尔德（Armin Grunwald）更直接地表述为："技术本身不是技术伦理学的对象，而是一种媒介和从伦理学角度对某些人类行为范畴进行反思的动因。"①

需要明确的是，科技伦理学属于应用伦理学的一个分支领域，负有在自己的领域中发挥具体作用的责任，但科技伦理思想常常面对的是远超于自身范围的问题，如科技进步的方向性问题、人的自然本性问题，等等，因此，科技伦理思想通常在跨学科的对话中完成它的使命，专业的伦理和哲学见解构成了它的基础，在此之上则是对公众社会的观点形成、技术决定、政治决策提供伦理意见，从而在更深层次上确保人类社会能够面对各种未来的挑战。

第二节　科技伦理学的核心概念

由于科技伦理思想本身的跨学科属性，为防止出现词义理解不当，我们将对科技伦理思想中的一些核心概念做出介绍，这些概念无疑是理解科技伦理思想以及伦理实践的重要组成部分。

一、技术

世界知识产权组织在1977年版的《供发展中国家使用的许可证贸易手册》中，给技术下的定义："技术是制造一种产品的系统知识，所采用的一种工艺或提供的一项服务，不论这种知识是否反映在一项发明、一项外形设计、一项实用新型或者一种植物新品种，或者反映在技术情报或技能中，或者反映在专家为设计、安装、开办或维修一个工厂或为管理一个工商业企业或其活动而提供的服务或协助等方面。"这是国际上给技术所下的最为全面和完整的定义。知识产权组织把世界上所有能带来经济效益的科学知识都定义为技术。

技术的概念可以追溯至古希腊亚里士多德对"自然的"和"人工的"这两个概念所做的区分。在亚里士多德那里，"技术"并不作为一个单独概念被处理，而是多数情况下作为与自然并称的概念。他认为，事物及其产生可以分为

---

① 〔德〕阿明·格伦瓦尔德：《技术伦理学手册》，吴宁译，北京：社会科学文献出版社，2017年，第8页。

两类，一类是自然之物，一类是技术制品，两者对立而并列。亚里士多德在其《物理学》第二章中称："一切自然事物都明显地在自身内有一个运动和静止的根源，反之，床、衣服或者其他诸如此类的事物……在它们是技术制品的范围内来说，都没有这样一个内在的变化和动力的。"① 因此，可以把"技术"初步理解为，自然之物本身承载着自己产生和变化的内因，而技术则是指人在制作活动中以人工的方式制作制品的行为。

自19世纪中期以来，哲学中出现了各种不同的既相互补充、又相互排斥的技术概念，人们试图置身于社会之中重新思考"技术"的定义，但在绝大多数的定义尝试中，我们都能看到一个核心的二元论：一方面把诸如机器、工具或基础设施等由人制作出来的产品称作"技术"；另一方面则是把诸如数学证明、音乐演奏、外科手术甚至是一些熟能生巧的手法等这类有规则的方法都看作"技术"。总之，技术即表示"制作而成"的这种本质特性与其目的、手段的理性建立了一种直接的联系，在传统的行为学解释中，无论是机器等制品还是数学技巧都是在为它们自身以外的目的服务的，也就是为人服务。在这个意义上讲，技术为达成"为人服务"的目的就需要被预估、选择、使用、反思，从而成为人实现自我的一种手段。

德国技术伦理学教授阿明·格伦瓦尔德认为"技术"就其本身而言还具有一种反思的成分，"手段特征只有在反思的意义上，并作为一种目的和手段关系中的一个组成部分才好去理解，而对于这种关系有各种各样不同的理解，有时完全是完全不同的解读"②。在他看来，技术不能被置于静止的人与目的之间去理解，而必须对"技术"作为手段特征的无限可能性表示肯定。例如，一种新技术的产生并不一定是出于某种事先已经确定的目的（如核裂变实验），并且对于一种技术人们可能在不同处境下也具有不同的目的需要。格伦瓦尔德强调，对待"技术"概念我们需要进行多元化处理，把"技术"看作是一个反思概念，即通过对目的和手段关系的识别，从而确定产品或方法的"技术特征"。在此意义上，他列举了四种对"技术"概念的反思方法，分别是：

作为差别的界定来区分技术和非技术 差异的界定可以分为三种表述，即经典的特殊差异（技术制成品与自然的变化结果之间的区别，如河堤筑坝与自然环境）、产品目的差异（技术的工具特性和艺术的目的特性之间的区别，如

---

① 〔古希腊〕亚里士多德：《物理学》，张竹明译，北京：商务印书馆，2017年，第31页。
② 〔德〕阿明·格伦瓦尔德：《技术伦理学手册》，吴宁译，北京：社会科学文献出版社，2017年，第22页。

电视机与《蒙娜丽莎的微笑》)、技术理性差异（技术的可控性与技术使用者的情感之间的区别，如医疗手术与人道救助）。

作为功用的阐释来说明技术的作用 作用的定义需要回答的问题是：技术承担的任务是什么，什么情况下技术是必不可少的，这里所谈到的技术并非指单个的制品，而是抽象意义上的"技术的"作用。如人类学家格伦把技术解释为弥补人类缺陷的行动能力；社会学家霍夫曼把技术理解为交际的媒介；技术哲学中德绍尔把技术理解为人的"自我解救"，而京特·安德斯则把技术看作是人的主人；存在主义哲学家海德格尔把技术看作是现代人存在环境的表现，马尔库塞则把技术看作是奴役人的根源。总之，对技术的功能的定义虽然未能明确，但阐释它本身就是对技术的反思。

确定技术在行为关联体系中和文化中的位置 技术作为人的活动的一种形式，也可以被理解为人占有世界的媒介，尤其是在社会化再生产的范畴中，它涉及个体活动与社会关系的特定方面。就这个意义上讲，人是生活在"技术的结构体"之中的存在，这一结构体不仅寓指社会的实际生活，还包括了物质和社会的技术，互联网就是这一结构体的现实范例。

阐明它与可再生性和规则性的关系 规则性是技术的一个核心特征。技术的规则性反映了科学理论与现实材料的结合，同时也是技术开发和技术传承的核心要素。技术的规则性意味着工程师技术可以就特殊物品与可再生性物品进行区分，同时，技术的规则也将人们从行为的自由不确定性中拉扯出来，从而形成了人类社会中规则与自由的对抗。

二、风险

风险作为与其他各种不安全感相区别的一个概念出现在中世纪的末期，即14世纪早期的意大利商业城市中，在早期的运用中，被理解为客观的危险，体现为自然现象或者航海遇到礁石、风暴等事件。对于早期的航海贸易而言，把贸易货物的可能性的损失称为风险的意义就在于，它从一个理性参与者的角度出发，把经济活动的不可预测性从原有的命运问题转移为可以理性判断并计算的不确定性。基于此种含义，风险的概念与理性的决断具有一种内在的联系。

从广义上讲，风险就是产生目的与劳动成果之间的不确定性。对于行为主体而言，风险意味着做决定时必须面对着一个可能的行动事先或许会导致至少两种不同的结果，当事者仅能在行为结束获取其中一种结果，这一潜在的风险状况表现为可能在数量上（作用或损失）以及在质量上（作用的程度或损失的大小）被定性定量。由于行为本身的不确定性，风险临在于所有决定之中。从狭义上讲，风险意味着在决策所表示的不确定性中仅限于那些可能出现的、被预估为不利的后果，风险与机遇概念在这一意义上对立。

风险概念中直接隐含了人类行为的潜在后果，根据这一后果可能产生作用的对象，可以把风险分为：个人风险以及被转嫁风险。前者指的是社会个体成员根据自身的经验性认知进行的冒险行为，不产生任何外部的牵连关系。后者则是指，在这些风险决策中，带有外部关联决定的风险决定和行为的潜在的或必然的代价，不完全发生在行为主体那里，而是具有转嫁至外部社会或个体的可能性。就科技伦理的反思而言，前者属于个体自由，而后者则应该是伦理反思的内容。基于此逻辑，德国社会学家乌尔里希·贝壳（Ulrich Beck）在其著作《风险社会》一书中指出，人类历史上各个时期的各种社会形态从一定意义上说都是一种风险社会，所有社会主体都能够在行为实践中意识到死亡的风险，但只是在近代之后，伴随着工业技术的扩大化，人类成为风险的主要生产者，风险的结构和特征发生了根本性的变化，最终产生了现代意义上的"风险"。这主要体现在以下两点：

风险的"人化" 随着人类技术活动频率和辐射范围的增加，其决策和行动对自然和人类社会本身的影响力也大大增强，从而风险结构从自然风险主导逐渐演变为人为的不确定性占主导，核武器的研发和使用就是明例。

风险的"制度化"和"制度化"的风险 人类的技术行为同时遵循理性指导和生物本能影响，也就意味着对自由的冒险和对安全的渴求，这两种矛盾的取向在近代人类社会的制度中获取了实现的环境和规范性的框架，但也带来了制度运转失灵的风险，即从风险的"制度化"转变为"制度化"的风险。①

三、安全

早在古希腊时代，"安全"一词就用来表达一种确定性、可靠性和不受威胁的状态，而我们在这里所谈到的"安全"概念是在科技伦理范畴内所理解的科技后果的安全。人的生命一直是安全和危险相关的，在人类社会中，"安全"概念经常与人类内部斗争（如战争、暴力等）、自然灾害（如地震、海啸等）

---

① 〔德〕阿明·格伦瓦尔德：《技术伦理学手册》，吴宁译，北京：社会科学文献出版社，2017年，第32～35页。

以及越来越多的来自技术的范畴（如工业事故、人工化合物等）产生直接的关联，因此，安全是人、社会以及科技关系链条中的一个核心概念，它在人类行为中直接表现为各种各样的安全期待、安全保证和安全满足。

对于科技伦理而言，安全概念是指技术行为和技术产品应使"受保护物体"最大限度地免受可能性的危害，或者是这些技术产品或技术行为直接主动面对这种可能性的危害并保护使用者，如汽车撞击中弹出的安全气囊。技术知识和技术行为所追求的目标，是技术行为本身的可用性、可靠性，同时也是满足人们需求的特性。但在近代技术发展的历史上，不乏失败的技术产品、设备以及危害巨大的技术案例，各种层出不穷的、破坏安全的技术失败、失灵比比皆是。原因在于人们在技术行为中往往缺乏对技术整体性的预期，从而出现一些此前未知的或是未能考虑到的技术系统及因素的特点或使用方式、运转与否和运行安全的社会条件、技术行为与技术目的之间的不匹配等问题，因此，也有学者认为技术本身包含着它的不安全性。

德国技术哲学家格哈德·班泽（Gerhard Banse）认为技术行为本身包含了消除危险、提高安全性的伦理要求，从与技术相关联的意义上说，安全就表示为人的身体和生命未处于危险之中。他给安全的定义界定了两个重要内容：其一，安全既与某些未来的事情相关联，又涉及当下的具体情况与排除未来的可能性的危险之间的关系；其二，安全包含着对未来仅仅是可能性的事件的排除，这个事件既非肯定也非不可能。这就意味着对安全的理解不能仅限于真实具体的消除和减少科技使用危险，还要促进在科技研发、科技使用中的安全观念的转变，形成"重新定义和转移不确定性"意义上对安全的预期性认识。[①]

这就意味着对科技伦理思想来说，安全是科技行为的挑战。当前的科技行为都源于人们的目标、决定和行动，这些目标、决定和行动自觉或不自觉地对科技行为产生复杂且关联的影响，这就要求科技决定必须要把目光放在进一步可实现以及必须加以实现的事情上，从而产生对科技行为进行权衡思考的伦理学反思。当前，在传统的科技安全观上又逐渐形成了一种更广泛的安全概念，即包含文化因素在内的安全考量。这一概念的形成在更大程度上扩展了原有安全概念对科技行为中人的目标、决定和行动背景的分析，促进人类的技术世界更具有人性。

[①] （德）阿明·格伦瓦尔德：《技术伦理学手册》，吴宁译，北京：社会科学文献出版社，2017年，第41页。

四、进步

进步作为一种历史趋势,直到今天仍被理解为一种朝着某个方向的、符合规律的发展过程,这一过程是历史本身的前进方向。古代的进步观念常常是作为一种历史的线性叙事在人的思维中的反映,而现代的进步观念则是源自文艺复兴以后人对自身理性的信心。

近代人的理性解放促使了许许多多新的发明和发现的诞生,这让人认为人的理性创造能力可以毫无限地被提高。进步作为从人的本性出发的、按照理性规划的、朝着更好更完善发展的一种趋势,成了人的主动性在历史中的表征,可以说现代性精神就孕育在这个发展趋势之中。进步的概念受到了乐观主义和历史哲学的强烈关注,甚至直接映射至人和社会的道德发展过程之中。

进步的概念也在科学和技术的发展过程中起着指引性作用。对于科学和技术而言,知识的不断积累和革命变化带来了知识体系的建立和改进,这个社会化过程的结果就是人们对认知不断进步所做的隐含的假设,同理,在技术产品中,人们也可以看到由科学和技术方法的进步所带来的产品属性的升级和扩展。从历史的角度来看,科学知识内含量的增加也就意味着人类在整个历史阶段中的普遍的进步概念的进一步实现,不断增长的对自然的认知,取代了传统的知识权威并代以实践经验的知识,从而达成了人类历史的进步趋势的基本形态。

进步概念本身蕴含着对旧事物的批判和取代,这一点也反映在进步概念本身上。启蒙主义之后的进步概念受到了越来越多的质疑和批判,在马克思看来,历史并非总是朝着自己更好状态的发展过程,而是阶级斗争的交替更迭,其动力来自社会和生产方式的矛盾,从而使历史的进步展现出螺旋上升的特点。而理想主义和浪漫主义者更关心的是,进步是否只能通过一个理念的不断发展才能实现,还是杂糅了不同的理念根基。无论如何,任何针对什么是进步的质疑都是对这个主导观念地位和内容的怀疑,以及对其无条件接受的价值观基础的批评。

我们在这里需要澄清的是,当前的科技伦理思想并非从历史的角度去考察进步概念,而是把进步概念理解为科技行为的伦理评价标准,主要是从标准化的角度被用来评判科技的发展和阶段,它是一个标准和视角的概念,用来说明在科技行为中是否已经发生了一种变化,且是否能够符合评判人的利益,是则说明进步,否则意味着倒退。大多数情况下,进步意味着科技行为在价值和标准层面符合人的预期目的,满足普遍的道德责任优先于个别责任这一原则。这就意味着,一个从事技术开发的人或团体评价某一科技成果或者作出科技决策时,不仅要判断这一决定或成果是否服务于技术进步这一观念,还需要考虑到这一决定或成果的功能、滥用的可能性、后果或附带后果能否由它的制造者、使用者以及全社会来承担其责任。

五、技术后果

大型技术设施灾难性的事故,以及不受社会大众欢迎的各种高风险技术的发展,同时还包括因科技变革而引发的社会矛盾和冲突,在这种情况下,人们经常就某些特定技术的开发和使用在道义上是否被允许,如何评价技术对环境、经济和健康所造成的后果等问题,各执一词,争论不休。但就整个工业社会而言,人类社会已经被技术福利、交通自由、全球化效应、高医疗水准等现实技术后果打上了深深地烙印,可以说,我们的社会对技术有一种基础性认知,即技术的正面后果最终会压倒负面后果。

一般说来,技术行为与技术后果之间存在直接的因果关系,一旦技术行为的后果被确立下来,那么这个后果的定性是通过对技术的作用和影响的阐述来加以论证说明的。将经过分析归纳的技术后果理解为技术决定和技术行为的后果,我们就可以根据技术决定或技术行为的责任划分来确定技术后果的两种分类:其一,技术决定或技术行为的后果被归结为个体、个人或行为者的责任。这种技术后果往往具备更小的影响范围、更少的影响主体;其二,技术决定或技术行为的后果被归结为社会公众或科技进步过程中的人类整体的责任。这种技术后果并非虚指一个观念,而是在科技进步的背景下由于技术辐射范围的增加而无法判定具体的单一个体来承担责任,继而表现为人类社会中的系统性的技术后果。

根据观察技术行为的不同视角,我们可以从技术意图层面上将其分为四类:

主观意愿后果与非主观意愿后果 这种区分以技术行为的意图为依据,主要是技术行为的使用者或决策者。

所希望的后果与非所希望的后果 这种区分以更大范围内的技术后果的"受牵连者"为对象,表现为受牵连者对技术行为的规范性评价

可预见的后果与非可预见的后果 这种区分以技术后果的可识别程度为目标,从科学的角度对技术后果进行数值概率演算并进行分类。

主要后果与次要后果 这种区分突出技术后果在技术行为者以及受影响者作出的意义和重要性判断，一般情况下，技术决策者取主要后果作为技术决定的参考。[①]

在科技伦理反思中，对技术后果的分析直接关涉到人们在特定环境中应该做些什么这一核心问题，甚至有一些学者把后果伦理学研究视为科技伦理反思的核心问题。然而，技术后果往往带有未来视角下的不确定性，对技术未来和对以此为基础的行为态度的比较性分析也无法穷尽技术决定或技术行为后果的可能性，技术后果概念往往在科技行为中扮演着事后分析和归纳总结的角色。因此，建立在技术后果研究基础上的、将新技术使用的风险和机遇进行对比研究的决策过程才是科技伦理反思的核心区域。

六、责任

责任概念是科技伦理思想中的核心概念，汉斯·约纳斯在《责任命令》一书中将科技伦理转向的重点也放在了"责任"概念上。责任作为一种基础概念，以一种广泛的理解与矛盾充斥于整个科技伦理思想研究之中。

当代德国伦理学家米夏·维尔纳认为责任概念不能仅仅用因果关系来理解，而应该表述为一种具有前瞻性和回溯性的标准的责任概念。[②] 在科技伦理思想中，责任概念并非寻求一种经验性的事实认定，而是试图探讨科学和技术在现代社会中的伦理规范，这就要求我们将责任视为具有价值判断和标准规范的表述。在他看来，对责任的因果关系的认定仅能从众多的因果必然条件中选出一个最佳因果条件，而这对于我们的伦理探讨而言仅是一个表象，真正讨论的是关于这些因果条件背后的标准规范问题。

维尔纳认为标准性责任概念具有前瞻性和回溯性的双重意义。首先是标准责任关系的前瞻性意义，即凡是人们对自己或是对其他有行为能力的实体提出标准要求的地方都可以视为划分责任关系的领域，示例为"化工厂负责遵守排放标准"；其次是标准责任关系的回溯性意义，即行为者给自己或是针对别人的主张和态度，决定自己或别人是采取行动或是放弃行动，或者以某种方式把行动和不行的结果和附带后果归结到自己身上，最终产生一种"有的放矢"的

[①] 〔德〕阿明·格伦瓦尔德：《技术伦理学手册》，吴宁译，北京：社会科学文献出版社，2017年，第59—60页。

[②] 〔德〕阿明·格伦瓦尔德：《技术伦理学手册》，吴宁译，北京：社会科学文献出版社，2017年，第67页。

评价对象，示例为"化工厂对超出排放标准负责"。前瞻性和回溯性的责任二者在具体科技行为中是密切相连的，它受到了具体行为个体对行为后果的前瞻性预见的影响。

我们还需要阐释的是，责任概念应被视为责任主体、责任客体以及责任评判主体的三重结构。

首先是责任主体的明确。由于我们把责任概念视为一种标准性的责任关系，那我们就必须回答一个问题，即主体需要什么样的特质才有可能作为一个科技行为的责任人。维尔纳认为对责任资质和责任能力的判断必须回到责任概念本身。因此，他指出，为了能从标准性的角度对某一个行为主体作出期待，期待他完成某种特定行为或达到某种特定状态，或者说能把某种行为、某种特定状态的评价对象归结于这个行为主体身上，那么就必须要求这个主体就有凭借自己的力量引起和放弃这些期待和责任归咎的能力。然而在科技伦理探讨中经常出现的划分责任主体的难题就在于，在高度社会分工的现代性社会中集体行为者在何种意义上被视为具有责任资质的责任主体，这一问题是现代科技伦理学极具争议的领域。

其次是责任客体领域的延伸。在维尔纳看来，随着人的行为的高度技术化，人的行为能力也随之扩张，因此要求道德责任领域也应该随之扩大，也可以理解为，责任观念广泛替代义务观念成为标准的主导概念。

最后是责任评判主体的多样化。维尔纳指出科技伦理关于责任评判主体的讨论仍是多样性的，既有提出"道德照管责任的客体"概念的理论，也有将责任评判职责交予自主主体的理论，还有一些理想主义者将责任评判视为道德群体的义务的理论。

在关于社会具体科技行为的责任问题讨论中还存在着一个重要的原则，即预防性原则。在科技伦理学和环境伦理学中都针对责任问题讨论提出关于预防性原则的道德合法性争论，即针对未知科技后果而进行的科技伦理学责任问题讨论的第一阶段是以宣扬扩大责任范围为基调。在科技行为中，应当一方面改进风险研究，另一方面也通过预防性的风险防范决策策略，来应对关于具有潜在危害的行为后果的不确定性，即"宁要安全不要道歉"原则。

第三节 当代科技伦理学的代表理论

一、汉斯·约纳斯的责任伦理学

德裔美籍伦理学家汉斯·约纳斯在 1979 年发表的《责任原则——试论技术文明时代的伦理》一书被学界公认为现代科技伦理的先声。[①]

汉斯·约纳斯于 1903 年 5 月 10 日出生于德国门兴格拉德巴赫一个传统犹太人家庭，1921 年起先后就读于弗赖堡大学、马堡大学等地，师从于胡塞尔、海德格尔、鲁道夫·布尔特曼等著名教授。1930 年，约纳斯在导师海德格尔的指导下，以论文《奥古斯丁和保罗的自由问题》完成了在马堡大学的研究生课程班论文，他也被称为海德格尔最著名的四大犹太弟子之一。

《责任原则》一书给约纳斯带来了超出哲学圈以外的世界级声誉。约纳斯凭借这本书于 1987 年获得了"德国图书和平奖"、联邦德国十字勋章等荣誉，《责任原则》一书也已被翻译为英语、法语、意大利语等多种文字，在全世界范围内产生了广泛的影响。《责任原则》被誉为战后读者最多的一本道德哲学著作，约纳斯在这本书中展开的关于责任问题的讨论，客观上将对技术伦理和责任伦理的反思引向了一个新的深度，他也自此建构起自身对整个技术时代的后伦理学批判，即基于义务论的责任伦理学。总之，约纳斯的责任伦理学是现代技术批判与哲学理论创新的重要成果。

（一）现代技术批判

约纳斯的责任伦理思想的成熟经历了三个主要阶段，即现代技术批判、传统伦理学反思与"未来责任"伦理建构。

作为德裔犹太人的约纳斯经历过第二次世界大战所带来的创伤之后，开始

[①] 约纳斯的《责任原理》一书是真正引起学术界和社会公众注意技术伦理问题的著作，但在之前的德国学术界也已有关于技术与伦理的讨论，如 1969 年格奥格·皮希特（Georg Picht）就提出了技术时代的责任问题；汉斯·萨克瑟（Hans Sachsee）在 1972 年发表了《技术与责任》一书，将由马克斯·韦伯引入伦理学的责任概念与技术相联系；汉斯·伦克于 1972 年以《技术哲学的新走向》一文指出技术伦理研究将作为未来德国技术哲学的重要方向等。

将学术兴趣从诺斯替宗教研究转向哲学生物学和伦理学研究,而正是在这一转向中,约纳斯注意到了技术在现代社会中的重要地位,从而开始了他对现代技术的批判性反思。"现代技术和传统技术相比,已经处于一个尴尬的两难境地。技术达到并已经逾越了地球及其承受力的界限,可是并不停息或降低其活力。"① 在约纳斯看来,技术不受约束的增长已经给其使用者和主要受益者带来了人类历史上最丰富的物质财富,但相对应的,技术对人类社会带来的威胁是潜在的、难以应对的,甚至是我们无法察觉的。在《责任原则》的前言中,约纳斯开宗明义地指出:"被束缚的普罗米修斯终于摆脱了锁链,科学使它具有了前所未有的力量,经济赋予它永不停息的推动力","现代技术所带来的福音已经走向其反面,已经成为灾难"②。

约纳斯的现代技术批判始于对现代技术与传统技术的比较。约纳斯称:"现代技术,不同于传统技术,是一个有计划的活动,而非一种占有;是一个过程,而非一个状况;是一个动力学的推动因,而非一个工具和技巧的库存。"③ 现代技术已经成为人类生活中的一个有目的、有计划、系统性的底色,而传统技术却只是一种片面的、工具性的、粗糙的手工技巧。在约纳斯看来,"进步"不仅仅是技术时代的一个意识形态的概念,也不能简单地被理解为人类在历史中的选择,而必须被视为技术本身的动力所在。换句话说,"进步"不是技术时代的价值概念,而是一种描述性概念,约纳斯用"巨兽分娩"来形容技术时代所存在的技术福利和技术灾难并存的局面,并把这种两难境遇称之为"技术就是命运"。技术发展的事实表明了传统技术与现代技术之间存在的差异,同时也就意味着哲学以及伦理学对技术的关注应具有运动的新型理解,即从伦理学出发的技术批判应当正视技术概念本身的变化。

"技术时代"产生的新问题主要集中在三个方面:第一,技术对人的异化,即技术人(Homo Faber)位居于现代人(Homo Sapiens)之上。约纳斯认为技术人概念在现代人概念上占据了内部结构上的中心位置,技术不仅从外部改变人的社会生活,更是从人的概念本身上异化了人的存在,而这一点也意味着"以技术现在在人类目的中的中心地位而言它具有伦理意义";第二,城市与自

---

① 〔德〕汉斯·约纳斯:《技术、医学与伦理学:责任原理的实践》,张荣译,上海:上海译文出版社,2008年,第3页。

② Hans Jonas, *The imperative of Responsibility*: *In Search of an Ethics for the Technological Age*, Chicago: University of Chicago Press, 1984, p. 15.

③ 〔德〕汉斯·约纳斯:《技术、医学与伦理学:责任原理的实践》,张荣译,上海:上海译文出版社,2008年,第42页。

然边界的消亡。由于"城市"和"自然"的边界被人的技术工作不断消磨，也就意味着人将面对着一个人工式的"自然"，人类自由的必要性不得不面对一种全新的意义；第三，人之未来的不可控。由于技术对人的异化、人与自然的对立，都将人类自身置于一个不得不面对的遥远未来的实际义务伦理之下，当前行动的决定原则将以一种新的力量和范围进入道德领域。

（二）对传统伦理学的反思

约纳斯在对技术时代的诊断中回到了现代技术的伦理反思层面。这是伴随着现代技术成为哲学的对象之后人类必须要面对的课题。"一种对人类期望值的反思，对选择要决定的东西的反思，简言之，关于'人的形象'的反思，比尘世间的人的理性所苛求的反思更加紧迫而迫切了。"① 在约纳斯看来，技术时代的新变化冲击着传统伦理学的问题视域和道德规范，对技术时代新的道德问题的反思，不是直接取缔传统伦理学，而是作为伦理学的现代性补充而不得不存在。

约纳斯指出，"技术是人的权力的表现，是行动的一切形式，一切人类行动都受道德的检验"②，并基于这一点将传统伦理学的主要特征作出阐释：

第一，所有处理非人类世界的技术（除了医学）都是道德中立的。约纳斯认为传统伦理观念中的技术都是作为对必然性的决定性贡献，而非对人类主要目标的一种不确定的、自我验证的推进。

第二，伦理上的意义在于人与人的直接关联，包括个人与自我的关系；所有的传统伦理都是以人类为中心的。

第三，实体"人"及其基本条件被认为是在本质上恒定的，而不是作为不断改进的技术的对象。

第四，行为必须关注的善恶问题与行为有直接关联，它们要么处于实践活动之中，要么在实践活动的直接范围内，这样的伦理学是此时此地的伦理学，与长远效应和后果预见无关。③

总之，传统伦理学从人出发，从抽象的永恒不变的人的本质出发，道德判

---

① 〔德〕汉斯·约纳斯：《技术、医学与伦理学：责任原理的实践》，张荣译，上海：上海译文出版社，2008年，第23页。
② 〔德〕汉斯·约纳斯：《技术、医学与伦理学：责任原理的实践》，张荣译，上海：上海译文出版社，2008年，第24页。
③ Hans Jonas, *The imperative of Responsibility: In Search of an Ethics for the Technological Age*, Chicago: University of Chicago Press, 1984, pp. 4—5.

断不涉及人的行为的长期后果。换句话说，人不是技术活动的对象，技术本身也就不具备伦理意义。约纳斯并不满足于指出这些传统伦理学的特征，而是要在这之上呼吁一种新的伦理学建构。"现代技术引入了如此新颖的规模、对象和后果的行为，以至于以前的伦理学框架不再包含它们。"①

约纳斯认为传统伦理学在知识论与伦理学上产生了二元分离，传统伦理学认为道德涉及人的理性与意志，与知识无关，而现代社会中的科学和技术的知识已经渗透至我们的生活并直接影响我们的行为。他指出，技术作用的双重性和现代技术的复杂性常常导致一个好的动机和想法产生意想不到的坏的行为后果，尤其是在高度分工的技术领域，人的道德感往往被技术的影响范围或长远效应所淡化。为了克服这一点，约纳斯提出"面向未来的伦理学"概念，并指出知识和能力是一种权力，而权力则意味着责任。在现代的科技时代，权力的所有权和权力的使用权之间的分离已经成为过去，我们的全部生活甚至包括我们自我的塑造都建立在不断地将技术的可能性转化为现实性的基础之上，人的权力几乎已经达到了对人、自然、社会的整体性建构。因此，伦理学应该突破人类中心论的框架，承认现代技术在对"人"进行塑造的重要地位，同时也要求作为人的活动规范的责任伦理的维度的扩大。借由这一责任概念，约纳斯提出了一个技术时代的面向未来的伦理学原则，即"你的行为必须要和地球上的真正的人的生命的持续存在相符合"。也就是说，"你的行为的影响不能对未来人的生存的可能性造成威胁"；或者说，"在你现实的选择中，要把人类的未来整体考虑进你的意志倾向中"。②

（三）"未来责任"伦理建构

约纳斯继承了哲学史上探讨"责任"的传统，并在此之上建构出了具有"未来"向度的伦理视角。约纳斯责任伦理学理论建构的最后一步，也是最重要一步，即是对"责任"概念进行重新诠释，以一种具有"未来"关切的视域来回应现代技术的挑战、解决技术时代的伦理问题。

约纳斯在对"责任"概念进行诠释时，首先给出了责任的三个基本条件：因果力（即行为对世界产生影响）、行为是在行为主体控制之下进行的、行为主体在某种程度上可以预见行为后果。对责任的基本条件的分析表明约纳斯试

---

① Hans Jonas, *The imperative of Responsibility: In Search of an Ethics for the Technological Age*, Chicago: University of Chicago Press, 1984, p. 6.

② Hans Jonas, *The imperative of Responsibility: In Search of an Ethics for the Technological Age*, Chicago: University of Chicago Press, 1984, p. 11.

图为其责任伦理的内涵和外延做出解释，通过将"责任"与行为的重新设定，可以将"责任"预先地内置于人对自己行为的预见之中。然后约纳斯划分了两种意义上的责任概念，即形式责任与实质责任。首先是形式责任，即责任是对"一个人的行为"负责，无论它是什么。形式责任说明了责任的一般性特征，即责任与行为和行为后果无关，仅是对因果关系的一般性描述。"他要负责任，因为他是这么做的。"[①] 形式责任具有合法意义却不具有道德意义，行为者必须为他的行为负责，即使行为后果既没有被其预见到也没有产生意图。然后是实质责任，也是约纳斯重点阐释的责任概念。实质责任是对"特殊对象"的责任，它要求行为者对于对象有关的特殊行为负责，它是一种权力的积极责任。约纳斯把实质责任描述为"不是关于所做的事情的事后解释，而是关于'要做什么'的预先决定"，换句话说就是，我在行为之前就产生了对我的"行为"及其行为后果负责的责任感，既包括行为本身也包括没有考虑的（前）行为，约纳斯把这种内在的权力感与行为承诺称之为"感觉负责"[②]。从伦理学上看，实质责任才是一种真正具有道德意义的责任，它直接关涉行为主体的能力以及这些能力的实践范围，并基于这种对自己能力的认知和对行为后果的承诺在自身内产生出责任感。至此，约纳斯通过对实质责任的强调扩展了一般意义上的责任观，并指出技术时代的道德事实是我们需要一种实质责任及其责任感，以取代原有的每一行为主体对其行为负责的空洞的、死板的形式责任。

约纳斯指出，由于技术时代的技术主体的权力发生了改变，传统伦理学中的主体-对象关系受到挑战，一种非对称性、非相互性的责任成了"未来责任"伦理的核心议题。在传统伦理学中，责任往往被视为一种主体与对象产生因果联系的现实范式，行为主体与行为对象总是处在一种对称的、平衡的、近距离的关系之中，责任则是这种因果关系的评价性负担。而在新的技术时代中，这种平衡关系受到技术主体的权力范围增大的影响，技术行为的客体不止存在于近距离的现实处境之中，甚至反映在未来的人类身上，这种跨地域、跨时间的因果关系被约纳斯视为是一种非对称性的责任关系。约纳斯指出，非对称性的责任关系在现实范式中存在着两种具体的、非互惠性的责任类型，即父母责任与政治家责任。

约纳斯认为，在父母对子女的爱中体现了一种自然的、非交互性的、普遍

[①] Hans Jonas, *The imperative of Responsibility: In Search of an Ethics for the Technological Age*, Chicago: University of Chicago Press, 1984, p. 90.

[②] Hans Jonas, *The imperative of Responsibility: In Search of an Ethics for the Technological Age*, Chicago: University of Chicago Press, 1984, pp. 93-94.

性的责任关系,约纳斯把它称之为"自然责任"。父母对子女的责任是自然产生的,是基于一种普遍的生物学关系而产生的,因此它是一种预先独立于事先的认同或选择的自然责任。同时,父母对子女的责任不是具体的某项行为的责任,而是整体性的、未来性的,是对子女成长的整体过程的责任,又因为父母责任具有指向具体少数人的非偶然性,因而责任的对象限定为实现了的和未实现的子女。相较于父母责任,政治家责任则表现为一种人为的、合作的契约责任。政治家是人类政治生活中的行为实体,政治生活的规则要求政治家担负起契约所规定的特殊任务,以一种受到道德或法律约束的方式去行使其政治行为,其指向的责任对象则是契约中的政治行为客体。在具体的政治生活中,政治家责任往往表现出少对多的责任态势,政治活动的特殊性决定了政治家主体在政治生活中经常性地担任领导者的角色。总的来说,父母责任和政治家责任都是一种非互惠性的责任关系,区别在于,自然责任中责任客体先天性地对其责任主体提出了内在的道德要求,而契约责任则取决于实际缔约的事实和关系条约,约纳斯称之为"对象的内在义务和指定责任的区别"。约纳斯认为,这两个责任范式具有三个共同特征,即全体性、连续性和未来性,而其中的未来性是其"责任伦理"关注的重点。① 在他看来,父母对子女以及政治家对公民的责任都是包含了其责任对象的全部生活,从生存权利到发展权利,从责任对象的生命连续存在到责任对象的未来保障,其责任都不能停止或中断,而在人类的整体性视角来看,这种关照自然和人类自身的整体性、未来性要求正是我们在技术时代的新的伦理要求。

当然,约纳斯也清楚地意识到,即便是证明了我们对人类的长久生存具有责任,也不代表我们真的能够对其后果负责。因此,约纳斯将他对实质责任的理解与其"未来责任"伦理观融合在一起,由于行为者必然能够在一定程度上预见到行为的后果,这也就意味着人类在行为中必须意识到自身对其行为选择及其后果的责任感觉。就科技伦理而言,约纳斯实际上在要求人们在技术时代担负起一种实质责任,也就是一种基于义务的责任意识或责任感,他将这称之为"恐惧的启迪":"在伦理理论中恰恰必须考虑到这一不可靠性,将其作为一个新的基本原则的出发点,进而使其成为实践中的一条具体规定。这个规定是,宁可相信预凶,而不是首先考虑预吉。"② 也就是说,为了保障人类的整

---

① Hans Jonas, *The imperative of Responsibility: In Search of an Ethics for the Technological Age*, Chicago: University of Chicago Press, 1984, pp. 98–100.
② 王国豫:《技术伦理学的理论建构研究》,大连理工大学博士论文,2007年,第73页。

体性、持续性生存，我们在科技行为中应当对多数人的活动余地给予限制，即便是放弃实现一定的利益也要保障人类的未来。

约纳斯的责任伦理学始于现代技术批判，最终回到对技术伦理症结的回应。他不是从行为的因果关系出发，也不是从行为的功利的后果出发，而是回到了康德式的义务性动机。这种无条件的绝对的责任伦理，一方面具有绝对的高度以及其普遍有效性，另一方面则丧失了具体的技术决策指导能力。但无论如何，约纳斯强烈的现实感与深刻的技术焦虑，使他能够在哲学传统中重新树立起"责任"的时代价值，从而以一种面向未来的责任伦理学开启了当代伦理学的新篇章，也为科技伦理的探讨提供了新的范式与价值。

二、君特·罗波尔的消极功利主义伦理学

德国技术哲学家君特·罗波尔（Günter Ropohl）出生于1939年的德国科隆，是当代德国著名的技术哲学家，其消极功利主义的伦理学理论也是德国技术哲学转向伦理学的直接产物。罗波尔早年学习机械工程，后师从于德国哲学家马克斯·本塞（Max Bense）学习科学哲学。他于1970年获得博士学位，1978年在汉斯·伦克（Hans Lenk）的指导下完成了关于哲学与社会学的毕业论文；同年，他出版了《技术系统论——一般技术论基础》，并一跃成为德国技术哲学界的权威人物。

罗波尔技术哲学与技术伦理学中的一个核心概念是"社会－技术系统"（Soziotechnisches System），即技术是先进社会系统的重要核心。在《技术系统论》一书中，罗波尔指出，传统的技术哲学从不同的观察视角出发，对技术的自然属性或技术的社会属性分别考察，这就导致了技术与社会系统的分离。[①] 为了解决这一问题，罗波尔提出应该建立一种跨视域的系统理论，将技术的"物质属性"与技术应用的"社会属性"结合考察，使之统一在系统性的关系之中。

（一）对技术概念与技术活动概念的反思

罗波尔的科技伦理思想是从对技术概念的反思开始的，正如罗波尔在《技

---

① Guenter Ropohl, *Allgemeine Technologie: Eine Systemtheorie der Technik*, Muenchen: Hanser, 1979, p. 123.

术系统论》一书开篇所援引的,"我们生活的世界是一个技术世界"①。在当今的技术社会中,我们的吃穿住用行都依赖于技术所创造的条件,房屋、食物、照明、电力等技术为我们创造了生活必需品,网络、医疗、交通等技术则为我们提供了生活扩张的可能性,正如罗波尔所说:"我们生活的世界是我们创造的,我们的生态区已经变成了技术区。"② 固然技术以一种现代的普遍性的力量推动着人类社会的发展,但我们也越来越多地意识到技术化世界所带来的自然危机以及精神危机。罗波尔指出,人类社会中的技术和工业发展需要被限制,因为技术的快速增长有可能会超过自然环境可接受的程度,并且自然环境中的不可替代的原材料和能源正在被技术增长的收益所浪费。

罗波尔反对将技术的产品与技术的目的割裂开来,在他看来,技术的制作过程与实践过程是统一在人的行为之中的,依赖技术生产出来的物质产品也并非孤立地存在于社会之中,而是具有其技术目的并进入人的生活之中的。罗波尔反对将技术狭隘地理解为机器和设备的客观世界,这种看法忽略了技术本身所涉及的人类实践,无视了技术生产、技术产品与人的生活方式的统一性。因此,罗波尔认为只有当物体被人为地制造并用于特定目的时,技术才具有了一定的意义。罗波尔进而提出了自己的技术定义:

第一,技术包含了所有的以实用为指向的、人工的对象化的物品。
第二,技术是产生客观物质系统的人的活动和设施的总和。
第三,技术是使用这一客观物质系统的人的行为的总和。③

罗波尔指出技术存在三种维度上的解释,首先是自然维度,技术的自然维度在于技术制品的自然属性,无论是由原有材料生产的技术制品抑或是合成材料生产的技术制品,都是作为物质条件存在于空间和时间中,就像自然事物一样,受制于自然规律。其次是人文维度,意指所有的技术都是由人们使用并生产制品用于他们的目的,技术作为人造世界的结果和工作手段与人的存在方式之间存在着密切的联系。最后是社会维度,由于"人是一个生物-心理-社会实体",技术作为制造和使用生产工具的人类活动一定会受到人类社会的影响。在此理解之上,罗波尔把技术活动定义为与生产和使用人工制造的物品相关的

---

① Guenter Ropohl, *Allgemeine Technologie: Eine Systemtheorie der Technik*, Muenchen: Hanser, 1979, p. 15.

② Guenter Ropohl, *Allgemeine Technologie: Eine Systemtheorie der Technik*, Muenchen: Hanser, 1979, p. 15.

③ Guenter Ropohl, *Allgemeine Technologie: Eine Systemtheorie der Technik*, Muenchen: Hanser, 1979, p. 31.

活动，它不仅是一种技术活动，也是一种社会行为。

罗波尔十分重视技术活动的过程性，他把技术产出或技术形态分为物质、能源与信息三种形态，而每一种形态都要经过转化、运输与储存的过程，因此，技术活动本身具有社会分工的成分在内。在罗波尔看来，技术活动的过程性与社会性直接体现在技术制品上，这也就意味着在技术制品生产之前就已具有潜在的人类活动或劳动的功能。罗波尔指出，技术活动由于其内在的人类行为目的而具有以下特征：中间性、劳动分工、团体性、经济性以及囚徒困境。技术行为就人类行为的目的而言是一种实现人类需要的功能的手段，在现代技术的复杂性与层次性背景下，技术活动具有强烈的分工合作倾向；同时，技术活动的技术制品也受到人类社会经济关系的制约而服务于市场规律，这也就导致了技术活动不得不面临着合作与竞争的内在张力。对于罗波尔而言，承认技术活动与人类社会的关联就意味着我们需要重新审视技术在伦理学中的新的形态。

（二）责任与技术伦理评估

罗波尔对当今技术时代的病症的诊断是系统性的问题。他认为技术活动本身是人类决定与行动的结果，而非技术的自我运动，技术发展可以通过针对性地规划、控制与评价来实现整体性的控制。作为技术社会系统论的奠基人，罗波尔要求从系统的角度重新审视技术伦理决策，将技术发展有计划地与充分理解的个人与基本社会价值观联系起来，他称之为"技术启蒙"。罗波尔认为"技术启蒙"是解决技术系统与社会系统融合的关键步骤，通过建构一个启发式的技术描述模型来解决内部科学技术任务与外部科学技术实践的平衡问题，把对科学技术的实际需要和理论提供之间的平衡留给知识市场上的"看不见的手"，从而为技术活动提供一种秩序和理解互通的情景特征。

罗波尔认为哲学为技术描述模型提供了一个"现实取向的图式"，以"责任"概念入手就能接近"我们认为什么是重要的，什么是不重要的"这一问题的技术伦理学答案。罗波尔认为责任也是一个各个因素或环节互相起作用的系统，他将责任分为七种要素，即责任的主体是谁、他对什么、因为什么、根据什么、什么时候、向谁负责和怎样负责。以传统的个体责任为例，某一个体根据道德规则，因其技术行为所产生的技术后果而主动性地向自己的良心进行事先的道德预估，这是可行的。但在当今的技术时代，由于技术活动的团体性、复杂性，以及技术后果的延时性、不确定性，建立在传统个体伦理学责任上的责任伦理就无法清楚地确定责任的内涵。技术主体受到劳动分工与团体合作的影响而无法确定，即便是作为技术研发人员也不能完全担负起整个技术活动的责任，罗波尔把这种困境称之为"将社会结构的冲突转嫁到个人的身上"①。

在罗波尔看来，以个人为责任主体的传统伦理学存在着"层次性悖论"问题，即个人道德行为的层次与超出个人行为的道德评价层次之间的矛盾。也就是说，人们只能证明，履行道德义务的技术活动也只能确保对所有人的整体有利，但不能证明对每一个个体有利。罗波尔指出，道德原则只能在超个人的层次上得到论证，如果道德规范要成为个体行为的活动准则，就必须得到社会层次的认可。由此，罗波尔提出对技术活动中的责任问题只能通过建立一个统一的、独立的技术伦理评估机制来解决。他主张通过技术评估，有计划地、系统性地、有组织地分析技术及其发展的可能性，通过对技术后果的预估与评价，根据其目的与价值进行伦理抉择，从而确定技术活动的发展方向。

（三）消极功利主义原则

罗波尔认为，当代的科技伦理反思本质上是由于技术所造成的负面后果导致的，由此可以得出，技术伦理学天生具有一种注重后果、权衡利弊的功利主义倾向。20世纪的功利主义存在两种著名的学术流派，即行为功利主义与规则功利主义，而罗波尔根据他对技术后果的阐释，认为规则功利主义更符合技术伦理评估的需要。

在罗波尔看来，规则行为主义不以每一特殊行为的结果来判断行为的正确与错误，而是以某一种普遍行为的结果作为评判行为正确与否的标准，这一表述与当今技术时代背景下技术后果的复杂性相吻合。罗波尔区分了四种技术后果，即决定性后果、随机性后果、累积性和协同性后果、无法预知的后果，在这四种技术后果中，人们往往重视由随机性后果或无法预知的后果所带来的负面技术灾害，因此，人们试图根据对技术后果的评估来制定一定的规则，以防止其负面后果的出现。

著名的规则功利主义代表人物布兰特曾作出定义："一个规则功利主义者认为正确的行为是被道德规则所允许的，这种道德规则对行为者所处的社会来说是最优的。"② 而在罗波尔看来，一个规则功利主义者应该被某些道德规则

---

① Ropohl, G. Technologische Aufklärung. Frankfurt am Main: Suhrkamp, 1991, p. 45.
② R. B. 布兰特：《功利主义的问题：真正的和所谓的》，晋运锋译，《世界哲学》，2011年第1期，第73~85页。

约束着,因为这些道德规则能保证社会受到更小的损失。[①] 可以看出,罗波尔是一个消极的规则功利主义者,在他看来,一个技术行为能否在伦理评估中得以允许,不在于它是否能给大多数人带来幸福,而在于它在多大程度上能减轻人的痛苦,不是"最大多数人的最大幸福值",而是"最少数的最小损失值"。罗波尔认为,"最少数的最小损失值"并不仅仅是对功利主义最大幸福原则的否定,它还具有一种逻辑上的非对称性,即我们并不能在幸福的定义上取得广泛的共识;相反,我们知道如何减少人们的不幸。因此,罗波尔以"不是增进善,而是减少恶"为道德原则,认为这一原则能够在技术伦理评估中发挥最大限度的避恶功能,从而有利于在技术选择和决策上达成一致。

根据他的消极功利主义立场,罗波尔主张技术伦理评估应对那些即便有负面后果但是其损失较小的技术予以支持和鼓励,以尽量保护人们免受技术带来的灾难。同时,罗波尔提出六条准则作为其消极功利主义的道德规范,它们分别是:没有人允许在违背其意志的情况下被杀,没有人允许在违背意志的情况下被伤害、折磨或遭受其他形式的健康伤害,没有人允许被排除在适当的基本生活条件之外,没有人允许在决定个人生活方式和在自由选择正确的发展机遇方面受到限制,没有人允许在对他人的信任方面被动摇,没有人允许向其他人隐瞒能力和才干。罗波尔用"没有人允许"的语式强调这些道德规范的普遍性,并将生命、健康、公正、自由、真诚、团结的内涵蕴藏在其中,在更高层面上体现了社会的基本价值。同时,这些基本价值与科学技术的内部任务产生价值上的互联,从而将道德规范与社会价值同时作用于技术伦理评估之中,如医学技术伦理中的安乐死技术伦理评估就可以在生命和自由原则中得到伦理指导。

总的来说,罗波尔从他的社会-技术系统出发,揭示了现代技术观以及技术活动与社会行为之间的密切联系,指出技术活动既包含了特定的物质系统,也具有指向社会功能的目的性。就科技伦理思想而言,罗波尔着眼于技术描述模型对技术评估的伦理性价值,从社会角度重新建构了科技伦理中的责任概念,这一做法对于当代科技伦理建构而言具有重要的开拓性意义。同时,罗波尔正确地看到了个人作为技术伦理责任主体的有限性以及责任伦理所面对的技术后果的不确定性,但他并没有进一步确定关于技术后果的道德评价,而是采取了一种消极的功利主义原则,将减少技术活动或放弃技术活动作为负责行

---

① 王国豫、胡比希、刘则渊:《社会-技术系统框架下的技术伦理学——论罗波尔的功利主义技术伦理观》,《哲学研究》,2007年第6期,第78—85+129页。

为，这是一种功利主义式的逃避，并且在多元化的技术时代，痛苦与幸福实质上都没有达成同一概念，减少恶的原则也只是一种主观的、相对的伦理原则。

三、克里斯多夫·胡比希的权宜道德技术伦理

当代德国哲学家、伦理学家克里斯多夫·胡比希（Christoph Hubig）以其基于价值论的权宜道德技术伦理思想在科技伦理领域获得广泛关注。胡比希于1952年出生于德国的萨尔布吕肯，早年在萨尔布吕肯和柏林工业大学学习哲学、社会学，后于1976年以"辩证法和科学逻辑"为题获得哲学博士学位，1983年以《行为－同一性－理解》一文获得教授资格，并从此转向技术哲学和技术伦理研究。这位第二次世界大战之后出生的哲学家具有深厚的哲学功底，早年跟随康德和黑格尔研究专家卡尔·海因茨·伊尔廷（Karl-Heinz Ilting）和著名伦理学家卡尔·奥特·阿佩尔（Karl-Otto Apel）学习，后又跟随科学哲学家汉斯·博赛尔（Hans Poser）以及逻辑历史学家威廉·里瑟（Wilhelm Risse）学习。胡比希广泛涉猎了从德国古典哲学、行为理论、科学哲学、技术哲学到技术伦理、生态伦理、经济伦理和文化哲学等多个领域，学术功底之深可见一斑。

胡比希的主要研究领域是技术哲学和技术伦理，他的科技伦理思想主要体现在他的《技术伦理与科学伦理导论》（*Technik – und Wissenschaftsethik: Ein Leitfaden*）和《可能性的艺术1－3》（*Die Kunst des Möglichen I－III*）这两本著作中。胡比希的权宜道德技术伦理思想来自他对传统伦理观在技术时代无处使力的尴尬处境的反思。在他看来，传统伦理观一直试图将技术伦理与技术活动限制于个体行为理论框架的基础之上，而这不符合当代技术时代背景下复杂的、科学化的现代技术活动，现代技术活动的后果不再是简单地与可以自由决定自己行为的个体责任直接联系，而是在更大程度上担负科学和技术活动实施及评估的制度或组织等集体主体的责任。胡比希指出，"来自技术和科学活动中的风险不再仅仅涉及可以自由决定自己的行为的个体，而传统伦理只为个人活动提供辩护战略"[①]。对于科技伦理而言，技术作为一种人类活动的媒介性反映，它通过现代越来越多的不确定性的技术后果表明了传统伦理观在处理多元化的潜在机会或风险上的无力感。胡比希指出无论是义务论还是功利主义都存在着理论上的局限，因而必须正视价值的多元化，以保存人们行动能

[①] 王国豫：《胡比希的技术伦理思想》，《世界哲学》，2005年第4期，第69～70页。

力的基本标准重新建构新的技术伦理。

(一) 技术的本质与价值

对技术的反思是当代技术哲学和技术伦理学必不可少的步骤，胡比希也不例外。在西方早期的技术哲学学者看来，技术在本质上是可重复性的行为与目的结合的活动过程，如德绍尔认为技术是通过目的性导向以及自然的加工而出现的理念现实存在，这种观点的关注重点在于从技术产品与技术活动中寻找技术价值。而在胡比希看来，这种理解没有意识到技术的本质不在于其工具性，而在于技术本身所反映出来的人类社会的价值体系和制度，也就是说，技术产品仅仅是技术价值的载体。

技术的价值其实就是对技术的社会应用做出好与坏的评价或价值判断，胡比希认为，价值蕴藏在整个技术活动之中。在他看来，技术作为一种人类活动，必然带有目的与行为的双重属性，或称技术其实是实现目的的手段，而无论是在哪个时代或哪个境遇下，技术的手段属性都是依赖于目的而设置的，也就是说，脱离目的指导的手段或工具是不存在的。从人类活动的意义上看，将技术活动理解为手段（工具）与目的的结合，本身就已经预设了这些人类活动是有意识的行为与选择。胡比希则进一步地将人类活动区分为技术活动与非技术活动，即只有为了一定目的而有意识地使用某些工具或手段的、能够重复的活动才是技术活动。根据这一定义，胡比希将偶然性的、出于自然本能的反应与重复性的、目的性的活动区分开来，这也就意味着技术活动的目的性、意向性反向地指向了它的价值倾向。

接下来，胡比希进一步将技术的形态与本质进行了区分，指出技术的目的性与工具性之间的内在张力。在他看来，技术在人类社会早期具有协助构建社会系统的目的，技术是文化形成的动力。"诞生于宙斯大脑中的无母女神雅典娜代表了与原始社会的分离，同时还是纺织与编织技术的发明者的化身，这种技术通过人工聚合自然物来满足人的需要。"① 胡比希指出技术从诞生之初就具有内在的目的性，它是人类摆脱自然建立人类社会并满足人类需要的手段，这一段对雅典娜传递编织技术神话的描述也可以用来解释中国神话中的嫘祖养蚕治丝一事。胡比希继续分析技术对人与自然关系改变的重要性。他说："（技术）也改变了人与自然的关系并导致最初的退步：直接的自然经验和效法自然被有技术地、分工有组织地和有意识地使用实物所取代，人们通过利用自然进

---

① Hubig, C. and Ropohl, G., Nachdenken uber Technik, Berlin: Sigma, 2000, p. 19.

程有技术的生产产品。"① 技术的重要性显明了技术本身存在的内在目的性，而技术产品的产生仅是技术的物质技术形态。胡比希将技术的形式分为三种，即物质技术、心智技术、社会技术，对于胡比希而言，物质技术的形态仅代表了技术的物质实体。换句话说，它不仅是技术价值的载体，而技术的本质特性在于其实现目的的中介性，或称之为媒介性。

在《可能性的艺术——作为中介性反思的技术哲学》一书中，胡比希指出技术的本质特征在于其中介性而非工具性。以飞机科学技术为例，飞机作为交通工具，为快捷的交通实现了现实的物质条件，但飞机仅是这一目的性的物质载体，其他物质载体如火车、汽车也可以在一定程度上满足这一目的。对于人类而言，飞机科学技术的重要性在于它为人类交通领域的扩大提供了诸多可能性，因此，它的本质是满足人类需要目的的中介性。对于胡比希而言，区分技术的工具性与中介性，意味着将技术与人类行为所指向的现实性和可能性进行勾连，换句话说，技术本身的价值决定了我们的未来。胡比希将这一发现应用于技术伦理学，他认为当今的技术受到科学快速增长的影响，技术工具的可能性空间日益增加，这也就意味着技术作为满足人类需要目的的中介性背后的价值含量在日益增加。胡比希进一步指出，工具性与中介性的此消彼长导致了技术使用者与技术决策者在技术后果面前的责任也随之改变，技术使用者主要承担技术使用的现实后果的共同责任，而技术决策者则需要对技术使用的可能性后果承担更大的责任。

（二）价值与权益道德伦理

价值论构成了胡比希科技伦理思想的出发点和基石，在他看来，价值是技术内在目的性的指向，但对于当今价值多元化的现代社会而言，寻找一个统一的价值标准是很困难的。因此，胡比希从亚里士多德的伦理学出发，试图通过重新构建价值的基本形式来超越价值多元论困境。他首先审视了现有的四种技术伦理学模式，即义务论、功利主义、契约论和进化论，以可持续发展问题为对象，他列举了四种伦理观在对待资源问题和环境问题上的不同观点，并指出义务论和功利主义皆在总体的平衡标准上产生了内在的自我矛盾，契约论和进化论则忽视了现有的资源上的浪费等问题。因此，胡比希决定对价值的衡量方式进行更深层次的理解与阐释，他赞同亚里士多德对善的理解，认为人的一切活动的目的都是为了使主体具有一定的行为能力，使人们在行动中获得满足，

---

① Hubig, C. and Ropohl, G., Nachdenken uber Technik, Berlin: Sigma, 2000, p. 20.

通过对这种满足所带来的愉悦的追求来创造更美好幸福的生活。也就是说，价值就在于保留主体行为能力。因此，胡比希将这种保留人们对自己行为进行反思和判断的能力的现象称之为伦理上的"智慧"，与之相对应的，能够在不同处境下拥有这种价值的技术行为被视为是合理的，这种技术伦理学被称之为"明智伦理"（Klugheitsethik）[①]。

胡比希对明智伦理作进一步的解释，他认为其中包含了两种基本价值形式，即遗产价值和选择价值。他把前者看作是社会连续性和主体活动的前提条件，如一定的社会文化传统和价值关系，而后者则代表着行为主体保持和扩大选择的可能性价值。在胡比希看来，遗产价值强调了在多元化的、冲突的价值选项中应优先保证行为主体的行为能力，选择价值则强调在不同境遇中应避免单一的、固定的、无发展可能的选项，而在遗产价值和选择价值产生矛盾冲突的时候，依旧是优先保证主体的行为能力，即遗产价值。以当今极具争议的人机融合或赛博朋克争议为例，按照胡比希的观点，人机融合的技术活动违背了遗产价值的要求，但程度较轻的医用机器则为人类的医疗技术提供了更具未来、更多可能性的条件，也就符合选择价值的要求。

在胡比希看来，根据亚里士多德观点所理解的明智伦理即便是存在遗产价值和选择价值两条原则，仍然是存在一些问题的，诸如对概念的不同解释、理念与现实的距离，保存行为主体的行为能力也无法避免的价值冲突等。因此，胡比希在亚里士多德的理论之上又借用笛卡尔的权宜道德对它进行补充。他认为，"权宜"可以从三个方面来理解，即对未来可能发生的情况进行预测、根据预测结果做好预防准备、它只是一种临时的或过渡的伦理规范。胡比希对权宜道德的采用恰恰是证明了他对技术的中介性的认识，由于科学技术的发展与应用处境的不同，我们在技术及技术制品中所蕴含的目的性也就不同，因此我们对科学技术的伦理指导只能是一种不断改进且变化的内容。他把权宜道德形容为"伦理帐篷"，可以使人在科学技术活动的指导和评价中有一定的依靠空间，又寓意着我们可以做出调整，制定出适应当前情况的伦理原则。

（三）处理价值冲突的三原则与七战略

胡比希首先针对笛卡尔的权宜道德中的三原则进行说明。

原则一：尊重传统。如果已经存在的社会秩序或道德规范被证明是适应于社会需要的，那么我们就需要坚持并维护它们。胡比希用医疗伦理为例，他指

[①] 王国豫：《技术伦理学的理论建构研究》，大连理工大学博士论文，2007年，第90页。

出，传统医学技术的目的就只是治疗疾病和预防疾病，人体优化从来就不是医学的目的，应在坚持权宜道德中遗产价值的原则上去尊重传统。

原则二：坚持决策。笛卡尔的明智伦理对决策的重要性十分重视，它要求人们在做出科技行为决策时慎重且具有长期目的，但如果在技术行为中遇到了危机，明智伦理要求我们也要继续坚持决策，以防止出现目的性的崩溃以及行为的浪费。

原则三：我们必须认识到自己行为能力的极限。明智伦理要求我们首先要对自身的行为能力具备清醒的认知，明确自身对行为控制的最大范围，以避免科技行为的发展超出我们的能力范围。

接下来，胡比希继续对权宜道德作出补充，希望能够更加有效地指导我们的具体实践活动，于是他提出了七条处理价值冲突的战略。

战略一：个体化处理。胡比希认为在科技行为决策或评价时经常存在着技术行为者自甘风险的问题，如器官移植技术。在他看来，在不违背遗产价值和选择价值的基础上，应允许行为个体自己选择技术的使用与否，也就是个体化处理。

战略二：地区化处理。在面对价值冲突的时候，明智伦理要求我们不是根据原则来刻板化地解决问题，而是针对具体情况制定相应方案。在科技伦理之中，由于技术行为影响的范围扩大，因此除个体化原则以外，还应该坚持具体地域具体决策的地区化处理。

战略三：平行转移。胡比希认为，在科技行为的价值冲突中，有些争议是可以通过扩大争议问题的视角来避免的，如关于环境污染的争议可以转移至整个人类世界，从而以一种更合理的方式得到总体上更大的收益。

战略四：追本溯源。胡比希指出，当遇到价值冲突的时候我们应该追本溯源，从技术问题本质上的目的性来讨论，如医疗领域中存在的资源紧缺问题，他认为可以追溯至医疗本身的目的性上，即预防疾病。

战略五：禁止战略。胡比希根据选择价值原则延伸出这一原则，即当两种以上的价值冲突存在时，我们应当避免选择或使用某一个具有压倒性力量或不可逆性的价值选择，以防止出现某些无法挽回的后果。

战略六：推迟决策。依然是根据选择价值原则，当我们无法对价值冲突双方进行抉择且没有更好的解决方案时，我们应该推迟决策并保持现状，从而为今后更具发展可能性的选择保留余地。

战略七：妥协。胡比希把妥协视为科技行为的伦理指导中最无奈的原则，这是受到多方面因素影响所形成的、饮鸩止渴式的举措。①

总之，胡比希的科技伦理思想从价值理论出发，他认为所有的科技行为都具有一个内在的价值性问题，而所有的道德规范、指导原则都是人类社会价值体系的内部构成，而价值本身又具有高低主次之分，遗产价值和选择价值作为这个价值链条上的两条基本原则，保证了行为个体的行为能力的根本性存在以及发展的可能性。而在具体的科技伦理建构中，胡比希则回归到亚里士多德和笛卡尔的明智伦理，抛弃了规范伦理对原则的肯定性追求，采取了一种具有回转余地、缓和空间、发展可能性的个体性、地区化处理方式，但这也就意味着胡比希的权宜道德伦理无法真正地给予科技行为者肯定式的伦理指导，因地制宜的选择余地也就成了胡比希所不希望看到的"妥协原则"滥用现状的问题所在。

四、其余的重要学者和学派

当代科技伦理反思仍然在如火如荼地进行中，关于科技伦理的讨论也在各个领域、跨学科的范围内不断深化，诞生了一大批在理论和实践上皆有建树的学者。以上我们所提到的三位学者仅是作为当代科技伦理思潮的代表人物，其思想受到了世界各地各领域的广泛关注，除此之外，还有一些学者限于论述字数不能全部介绍，因此，我们在这里再简要地分享两位学者以及荷兰学派的科技伦理思想。

（一）卡尔·米切姆基于责任的工程伦理

卡尔·米切姆（Carl Mitcham）是美国当代著名的技术哲学家和工程伦理学家。米切姆于1988年在福德汉姆大学获得哲学博士学位，他师从于著名的技术哲学家伊万·伊里奇（Ivan Illich）和雅克·埃吕尔（Jacques Ellul）。米切姆是国际技术哲学协会的第一任主席，同时也是《科学、技术与伦理百科全书》的主编，他著作颇丰，广泛涉猎多个学科，其代表作《透过技术思考：工程与哲学之间的道路》被称为世界技术哲学界的集大成之作。

米切姆的工程伦理在其发展过程中，受到了历史-哲学批判传统、技术批判传统、社会批判传统以及中西方文化传统的交叉影响，从这四个维度出发，

---

① C. 胡比希：《作为权宜道德的技术伦理》，王国豫译，《世界哲学》，2005年第4期，第70~77页。

米切姆形成了自己的工程伦理思想体系。

"考虑周全"的责任伦理是米切姆工程伦理的核心思想。米切姆指出"责任"（responsibility）的词根是拉丁文"respondere"，意思是"回答"，而在当代社会中，"责任"则已经成为对艺术、政治、经济、宗教、科学技术等道德问题追问的试金石。米切姆赞同约纳斯对"形式责任"和"实质责任"的区分，认为约纳斯在这个概念上"非常明确地把责任与技术联系起来"①。因此，在米切姆看来，技术的力量使责任成为必需的新原则，而根据这一原则，工程技术实践必须培养一种"谨慎原则"，即负责个体要考虑所有情况。米切姆提出，一个好的技术人员在工程技术实践中转向为一个"负责任"的技术人员的关键，就在于其是否对技术复杂性有足够的了解和谨慎。也就是说，"负责任"就意味着在工程技术实践中"考虑更多的关于善的因素并对善进行反思"，即"考虑周全"②。

米切姆的责任伦理在工程实践中采取了一种批判性视角，他认为工程设计受到内在的"与世界相分离"的简单化和外在的"被拉回世界之中"的社会维度之间的张力影响，这就要求人们在工程设计中采取一种更具批判深度的责任理念去审视工程，以玩具设计为例，在米切姆看来，玩具的工程设计不能仅考虑玩具的技术功能和设计安全，还必须考虑到玩具使用可能产生的社会影响等深层次问题，如玩具中性别角色的影响、游戏玩具中的孤立和暴力问题、玩具对孩童产生的虚拟认知问题，等等。

米切姆的科技伦理思想还包括他关于工程技术与社会之间关系的思考，米切姆认为，"工程本身被认为是某种社会背景或约束下的设计"③，因此他提出一种新的工程理念，即人道主义工程。米切姆指出，满足所有人基本需求的人道主义背景与现代社会中对工程伦理要求的关注社会公众安全健康的"普遍责任"之间存在一种基本的共同性。在米切姆看来，人道主义工程有两种具体的实现途径，一方面是工程师个体与无政府组织的直接参与途径，另一方面是人道主义教育的途径。米切姆认为人道主义工程能够使公众尤其是被边缘化的人们直接参与到工程实践中，从而与工程师共同寻求某种满足基本需求的设想或

---

① 〔美〕卡尔·米切姆：《技术哲学概论》，殷登详、曹南燕译，天津：天津科学技术出版社，1999年，第101~102页。

② 〔美〕卡尔·米切姆：《工程与哲学——历史的、哲学的和批判的视角》，王前译，北京：人民出版社，2013年，第174页。

③ 〔美〕卡尔·米切姆：《工程与哲学——历史的、哲学的和批判的视角》，王前译，北京：人民出版社，2013年，第285页。

技术，这是一种对于真正的"善"进行可持续性追求的行为。

（二）海纳·哈斯泰特基于商谈原则的科技伦理思想

海纳·哈斯泰特是德国哲学家，现任德国罗斯托克大学哲学教授。他早年间跟随德国当代著名哲学家泰滕斯（H. Tetens）和施泰德巴赫（H. Schnaedelbach）学习，并出版了《启蒙与技术》。在当代世界哲学的大环境中，哈贝马斯的商谈伦理无疑享有重要的地位，而在科技伦理学领域中，许多哲学家都试图将哈贝马斯的商谈伦理作为技术伦理学的基础，在这方面，哈斯泰特将技术伦理学与技术评估的商谈原则研究推向了一个新的层面。

哈斯泰特主张构建一个与自然主义相反的技术伦理学，他从反思技术与启蒙的关系出发，提出建立一个关于技术启蒙的反思模式，从理智和实践两个层面来重新思考技术的合理性。哈斯泰特跟随他的导师施泰德巴赫的观点，认为技术与启蒙之间存在着一种反思的辩证关系。也就是说，技术的自主与人的自律本质上是统一在社会发展中的，对技术进行启蒙就是将一个"自主"的技术从属于人的自律。技术的启蒙也不是某一个特定阶段，而是一种朝向未来开放的变化关系，启蒙是技术和社会走向未来的理性的伴侣，对于技术而言，启蒙运动对个体自主性的宣扬，也加快了现代技术从原有的社会规范禁锢中解脱出来的进程。

商谈伦理将商谈视为人与人交往的基本形式，认为人们可以通过平等的对话来对道德规范做出合理性论证，商谈伦理的目的是通过交换证据达到主体间的互相理解，前提是商谈双方主体的独立理性以及相互承认的基本状况。在哈斯泰特看来，商谈伦理的内在特征决定了它可以成为构建技术伦理学的必要前提。哈斯泰特认为将义务论作为技术伦理学的理论基础可以避免伦理解释的多元混乱局面，根据行为的动机或行为的规范来判断其是否符合道德一开始就明确了反对任何形式上的不公正。同时，坚持伦理决策中的理性标准可以避免将道德拉入相对主义的陷阱。哈斯泰特认为坚持认知主义的商谈伦理通过主体间的交流超越了康德的认知主义伦理学。商谈伦理需要进入技术伦理学的实践领域。哈斯泰特提出，一项技术只有当其指导行为的道德可以得到普遍化，并因此而所有的人原则上都可以接受的时候，这项技术才是合理的。[①] 也就是说，哈斯泰特所理解的科技伦理必须要求具有一种形式的伦理标准，并需要承认伦理的普遍主义，这样才能够克服当代科技争议中的价值多元主义或道德相对主

---

① Hastedt, H., *Aufklarung und Technik*, Frankfurt am Main: Suhrkamp, 1991, p. 216.

义危机。

对于哈斯泰特而言，仅具有形式伦理学是不足以满足当代的科技伦理需求的，因此，他借助于罗尔斯所提出的正义理论。在哈斯泰特看来，一种仅基于义务论的商谈原则的科技伦理只能是为科技伦理评价提供了一个批评角度，而不能具有实质性的指引功能。借助于正义理论中的平等原则和差别原则，哈斯泰特提出了技术伦理学的五大内容标准。

第一，一项技术只有当它能够与为所有人带来平等的基本自由的全部制度相协调时才是合理的。第二，一项技术只有当它有益于实现为所有人带来平等的基本自由的全部制度时，才是道德上期许的。第三，一项技术只有当它有利于实现社会正义原则或至少符合这些原则时才是许可的。第四，保证了未来人类能够有同样的机会在自己的决定中顾及上面提到的前三条。第五，既要保证所有现代活着的人与未来人类都有可能选择自己所希望的好生活，也能对现在生活着的人的好生活有所贡献。①

（三）荷兰学派基于经验转向的技术－伦理实践

技术哲学的荷兰学派是当代国际技术哲学以及技术伦理学研究中的一支重要力量，它在技术哲学的经验转向的背景下，开启着"技术－伦理实践"的研究路向。

1997年9月，在德国杜塞尔多夫大学召开的第十届 SPT（Society of Philosophy and Technology）国际学术会议上，荷兰技术哲学研究者以超半数的论文脱颖而出，随后在1998年4月的"技术哲学研究的经验转向"探讨会上，荷兰技术哲学研究团体以"技术哲学经验转向"的论题吸引了哲学界的广泛关注。之后的十年间，荷兰技术哲学研究团体接连提出技术人工物两重性理论、价值敏感性涉及取向、技术设计转向等多个命题。2006年的3月，在乌特勒支大学召开的"技术发展道德评估的方法论"会议以及代尔夫特理工大学的"风险的伦理评估"会议之后，技术伦理也逐渐成为荷兰技术哲学研究的核心议题。②

荷兰学派起始于1998年彼得·克罗斯和安东尼·梅耶斯提出的"技术哲学的经验转向"，代表人物有克劳斯（P. Kroes）、维贝克（P. P. Verbeek）、

---

① Hastedt, H., *Aufklarung und Technik*, Frankfurt am Main: Suhrkamp, 1991, pp. 237–252.

② 刘宝杰：《试论技术哲学的荷兰学派》，《科学技术哲学研究》，2012年第4期，第64~68页。

伊波（Ibo van de poel）等。荷兰学派提出的科技哲学经验转向意味着技术哲学与技术伦理学原有的批判传统被新的经验实践研究范式追赶，按照克罗斯和梅耶斯的观点，经验转向意味着研究语境的转向，原有的关于技术使用者的批判和伦理审视需要转移至对技术人工物的设计、发展和生产阶段上，还意味着从分析事物的层面转向主要聚焦事物本身的事实中来。

荷兰学派在经验转向原则的基础上开启了技术——伦理实践讨论，他们主要针对以下三个主题，即工程设计、研发过程中的道德问题、技术使用和管制中的道德问题以及工程与社会的价值，三个主题其价值导向都是基于技术设计与操作的技术实践之上出现的伦理道德问题。荷兰学派试图将技术伦理"经验转向"化，使原有的整体性、综合性角度讨论的技术伦理转换为具体的、局部化的视域，研究方法则是从原有的批判方法转向为侧重分析描述的方法。对于荷兰学派的学者而言，他们或关注于人工物的双重性质，或关注于技术与人工物的伦理道德问题，都是从某一个具体的角度去分析工程伦理问题。总之，荷兰学派基于经验转向的反思，对技术伦理学的研究赋予了新的研究视野和研究方法，实际上就是拥有技术的实践与伦理的实践双向度有机结合的实践转向。

主要参考文献

[1] Alan Donagan. The Theory of Morality [M]. Chicago: University of Chicago Press, 1977.

[2] A. E. Buchanan, D. W. Brock. Deciding for Others: The Ethics of Surrogate Decision Making [M]. Cambridge: Cambridge University Press, 1990.

[3] Benedict M. Ashley, Kevin D. O'Rourke. Ethics of Health Care: An Introduction Textbook [M]. Washington: Georgetown University Press, 1994.

[4] Bernard Williams. Ethics and the Limits of Philosophy [M]. Boston: Harvard University Press, 1985.

[5] Bernard Williams. Moral Luck: Philosophy Paper [M]. Cambridge: Cambridge University Press, 1981.

[6] Chellis Glendinning. Notes toward a Neo-Luddite Manifesto [M]. Edinburgh: Blackwell Publishing Ltd, 2003.

[7] David Gauthier. Morals by Agreement [M]. New York: Oxford University Press, 1986.

[8] Guenter Ropohl. Allgemeine Technologie: Eine Systemtheorie der Technik [M]. Muenchen: Hanser, 1979.

[9] Hans Jonas. The imperative of Responsibility: In Search of an Ethics for the Technological Age [M]. Chicago: University of Chicago Press, 1984.

[10] Hubig, C., Ropohl, G.. Nachdenken uber Technik [M]. Berlin: Sigma, 2000.

[11] Hastedt, H.. Aufklarung und Technik [M]. Frankfurt am Main: Suhrkamp, 1991.

[12] John Rawls. A Theory of Justice [M]. Boston: Harvard University

Press，1971.

[13] Norman Daniels. Just Health Care［M］. New York：Cambridge University Press，1985.

[14] Richard B. Brandt. A Theory of the Good and the Right［M］. Clarendon：Oxford University Press，1979.

[15] R. M. Hare. Moral Thinking：Its levels，Method，and Point［M］. New York：Oxford University Press，1981.

[16] Rosalind Hursthouse. On Virtue Ethics［M］. New York：Oxford University Press，1999.

[17] Thomas Nagel. The View from Nowhere［M］. New York：Oxford University Press，1986.

[18] William Frankena. Ethics［M］. Englewood Cliffs，NJ：Prentice－Hall，1973.

[19] W. Hunt Moore, Gerald Rosenblum. The Professions：Roles and Rules［M］. New York：Russell Sage Foundation，1970.

[20] 密尔. 功利主义［M］. 刘富胜，译. 北京：光明日报出版社，2007.

[21] 西季威克. 伦理学方法［M］. 廖申白，译. 北京：中国社会科学出版社，1993.

[22] 斯马特，威廉斯. 功利主义：赞成与反对［M］. 牟斌，译. 北京：中国社会科学出版社，1992.

[23] 康德. 道德形而上学的奠基［M］. 李秋零，译. 北京：中国人民大学出版社，2013.

[24] 康德. 实践理性批判［M］. 邓晓芒，译. 北京：人民出版社，2003.

[25] 罗斯. 正当与善［M］. 林南，译. 上海：上海译文出版社，2008.

[26] 麦金泰尔. 追寻美德：道德理论研究［M］. 宋继杰，译. 南京：译林出版社，2011.

[27] 努斯鲍姆. 善的脆弱性：古希腊悲剧和哲学中的运气与伦理［M］. 徐向东，陆萌，译. 南京：译林出版社，2007.

[28] 努斯鲍姆. 诗性正义：文学想象与公共生活［M］. 丁晓东，译. 北京：北京大学出版社，2010.

[29] 霍布斯. 利维坦［M］. 黎思复，黎廷弼，译. 北京：商务印书馆，1985.

[30] 罗尔斯. 作为公平的正义——正义新论［M］. 姚大志，译. 上海：上海三联书店，2002.

[31] 斯坎伦. 我们彼此负有什么义务 [M]. 陈代东,杨伟清,杨选,等译. 北京:人民出版社,2008.

[32] 比彻姆,邱卓思. 生命医学伦理原则 [M]. 李伦,译. 北京:北京大学出版社,2014.

[33] 恩格尔哈特. 生命伦理学基础 [M]. 范瑞平,译. 北京:北京大学出版社,2006.

[34] 约纳斯. 技术、医学与伦理学:责任原理的实践 [M]. 张荣,译. 上海:上海译文出版社,2008.

[35] 芬伯格. 技术批判理论 [M]. 韩连庆,曹观法,译. 北京:北京大学出版社,2005.

[36] 托夫勒. 第三次浪潮 [M]. 朱志炎,等译. 北京:生活·读书·新知三联书店,1984.

[37] 格伦瓦尔德. 技术伦理学手册 [M]. 吴宁,译. 北京:社会科学文献出版社,2017.

[38] 米切姆. 技术哲学概论 [M]. 殷登详,曹南燕,译. 天津:天津科学技术出版社,1999.

[39] 米切姆. 工程与哲学——历史的、哲学的和批判的视角 [M]. 王前,译. 北京:人民出版社,2013.

[40] 龚群,陈真. 当代西方伦理思想研究 [M]. 北京:北京大学出版社,2013.

[41] 邱仁宗. 生命伦理学 [M]. 北京:中国人民大学出版社,2020.

[42] 孙慕义,徐道喜,邵永生. 新生命伦理学 [M]. 南京:东南大学出版社,2003.

[43] 陈红兵. 新卢德主义评析 [M]. 沈阳:东北大学出版社,2008.